ANTHOLOGIE
DE LA RÉPARTIE

Julien Colliat

ANTHOLOGIE DE LA RÉPARTIE

LES 1 000 MEILLEURES RÉPLIQUES

Le Cherche Midi

ISBN 978-2-7578-8445-4

Le Cherche Midi – 30, place d'Italie – 75013 Paris

PRÉFACE

C'est répartie pour mille tours

La scène se répète à intervalles réguliers. Vous vous redressez dans votre lit, à l'instant tiré du premier sommeil non par un bruit ni par un cauchemar où votre double nocturne déambule nu dans les rues, à moins qu'il ne repasse le bac pour s'apercevoir que la géométrie lui est désormais aussi obscure que les règles du baseball, mais par une contrariété soudain revenue vous hanter. Quelques heures plus tôt, lors du dîner en famille, votre beau-frère n'a une fois de plus pas cessé de pérorer, d'imposer ses vues sur tous les sujets, de vous provoquer par d'incessantes remarques et, pour tout dire, de vous tourner en ridicule devant vos proches réunis. Vous aviez beau à chaque occasion mobiliser jusqu'au dernier neurone disponible, racler jusqu'aux fonds de tiroir de vos méninges, rien ne vous venait en tête pour rabattre le caquet de l'intolérable personnage. Car tel est le drame intime de votre existence, vous ne possédez pas l'esprit de répartie. Pas la moindre flèche dans votre carquois, pas le moindre éclair dans votre ciel, les mots vous fuient, les idées se font la malle, un pavé vient peser sur votre langue au moment crucial, vous restez coi, sans voix, bec cloué. Votre beau-frère triomphe. Et s'il n'y avait que lui. Le plus insignifiant quidam vous apostrophe dans le métro sans crainte de se voir remis à sa place, l'échange d'aigres propos tourne en toutes circonstances au monologue de la partie adverse, le reste de l'humanité vous considère avec un mélange de dédain et de pitié – frappé de mutisme, vous demeurez la main enfoncée jusqu'au coude dans le pot de déconfiture.

Grande nouvelle : le temps des humiliations et des insomnies est révolu. Tel un moine reconverti dans la copie laïque, Julien Colliat a aussi patiemment que savamment composé à votre intention ce florilège de mille saillies dont le champ couvre l'intégralité des situations qui nécessitent de trouver incontinent une foudroyante réplique.

Au moins deux usages de cette anthologie peuvent se combiner. Soit rendre à César ce qui est à César (l'empereur romain apparaît d'ailleurs ici dès l'introduction, si l'on ose dire, quand l'auteur rappelle que Clemenceau commenta en ces termes la mort du président Félix Faure entre les bras, et surtout entre les lèvres de sa maîtresse : « Il se voulait César, il n'aura été que Pompée »), à savoir nommer l'inventeur du mot historique, ce qui vous pare aux yeux de l'assistance du prestige de l'érudition en plus de celui de la pertinence. Soit carrément vous en attribuer la paternité, sans grand risque d'être démasqué puisque celle-ci s'avère souvent aussi discutée que discutable, les citations apocryphes se ramassant à la pelle (on ne prête qu'aux riches d'esprit).

Votre bienfaiteur estime avec raison que « l'intérêt porté dans notre pays pour le mot d'esprit [est] sans équivalent dans le reste du monde ». Rien de plus exact. Les Français préfèrent et préféreront toujours une phrase bien tournée à une idée bien pensée. Les Français placent et placeront toujours la justesse au-dessus de la justice. Les Français se tiennent et se tiendront toujours prêts à tuer père et mère pour un bon mot – *a fortiori* un confrère : « Le 27 novembre 1943 fut présenté à la Comédie-Française *Le Soulier de satin* de Paul Claudel. Bien que réduite de onze à cinq heures, la pièce parut interminable aux spectateurs, faisant dire à Cocteau à l'issue du spectacle :

– Heureusement qu'il n'y avait pas la paire. »

Il est ici à noter que l'envoyeur s'expose toujours par la suite à subir le retour à l'envoyeur – on se rappelle le jugement laconique de Raymond Queneau à propos du goût de l'auteur du *Potomak* pour les mondanités : « Un cocktail, des Cocteau. »

Un art des plus français, donc. Jamais le lancer de répliques meurtrières ne fut mieux et autant pratiqué que dans les étroites limites du Versailles de Louis XVI, si l'on en croit tant les mémorialistes que le film *Ridicule* de Patrice Leconte. Où l'on voit le baron Ponceludon de Malavoy, interprété par Charles Berling, se frayer un chemin à la cour, ni avec ses mains, ni avec ses pieds, aurait dit Jacques Dutronc, mais avec un tout autre organe. Nous voulons bien sûr parler de sa langue dont il use pour remporter les joutes d'éloquence et les concours de perfidies avec son ennemi juré, l'abbé de Villecourt, joué par Bernard Giraudeau. La première scène montre par ailleurs le comte de Blayac, jadis expert en observations vipérines, réduit à l'état de mort-vivant, non point tant en raison de son grand âge, mais parce qu'il a perdu la parole. Ce qui, chez ces gens-là, signifie qu'il a tout perdu et n'existe plus qu'à peine.

À mieux y regarder, l'enjeu des fulgurances ici rassemblées en bouquet dépasse de loin le simple agrément d'un concours d'élégances verbales. La plupart d'entre elles participent d'une entreprise globale de sublimation. Tout comme les alchimistes s'efforçaient de changer le plomb en or, les fabricants d'épigrammes souhaitent raffiner la matière brute en matière spirituelle, décoller du plancher des vaches vers le plus haut des cieux de la vacherie, quitter le prosaïsme de la nature pour la poésie de la culture. Se débarrasser d'un ennemi, d'un rival ou d'un simple fâcheux ne nécessite plus pour ces maîtres du verbe de lui passer une épée à travers le corps ou de lui placer une balle entre les deux yeux à vingt pas de distance. Qu'ils se nomment Rivarol, Yves Mirande, Talleyrand, Richelieu, Marcel Schwob, Aurélien Scholl, le prince de Ligne, André Roussin, pour mentionner quelques-uns des plus brillants et des plus prolifiques, plutôt que la mort sans phrase, les uns comme les autres infligent la mort avec phrase, tout aussi subite et plus définitive encore, l'interlocuteur se retrouvant certes pareillement la tête au bout d'une pique, mais au sens figuré de ce dernier mot. Julien Colliat en donne maints exemples fournis par les meilleures maisons, telles que Guitry père & fils. Pour le premier :

« À la fin de la Première Guerre mondiale, il s'entretenait avec Henri Hertz, directeur du Théâtre de la Porte Saint-Martin, avec lequel il était un peu en froid. Ce dernier, cherchant à renouer les liens, lui révéla :

– Vous savez, j'ai été acteur moi aussi. La dernière fois que j'ai joué, c'était à Reims.

– Reims, ville martyre déjà… »

Pour le second :

« Lorsqu'en 1924 le romancier Georges Lecomte fut élu à l'Académie française, il fit ce commentaire :

– Désormais, ses livres seront d'un ennui immortel. »

Nous avons déjà attiré l'attention du lecteur sur le principe du retour à l'envoyeur dont même l'écrivain tout juste nommé subit les rigueurs par la bouche d'Yvonne Printemps :

« Un jour, alors qu'elle visitait un cimetière avec Sacha Guitry, le couple remarqua une tombe sur laquelle était inscrit : "Enfin libre". Cette épitaphe inspira son compagnon qui lui lança à brûle-pourpoint :

– Sur votre tombe, on écrira : "Enfin froide".

– Et vous, Sacha, je ferai écrire sur la vôtre : "Enfin raide". »

Ce qui nous mène à l'une des rubriques les plus abondamment documentées de cette collection, à savoir la guerre des sexes. Où l'on constate que, bien avant de balancer leur porc, les femmes ont longtemps balancé leur mot. Avec grand talent et peut-être un surcroît d'efficacité, ainsi qu'il apparaît dans ces pages avec la comédienne Anne Victoire Dervieux :

« Un soir, elle fut accostée par l'un de ses nombreux admirateurs qui l'implora :

– Je vous en supplie, faites-moi l'aumône d'un baiser.

– Pardonnez-moi, monsieur, j'ai mes pauvres. »

Ou deux siècles plus tôt dans ce dialogue entre Henri IV et Henriette d'Entragues :

« Par où pourrait-on gagner votre chambre ?

– Par l'église, sire ! »

Plus près de nous, Mary Marquet ne fut pas en reste :

« Durant un dîner, elle se trouva assise à côté d'un jeune homme timide qui ne brillait guère par l'intelligence. Impressionné et ne sachant pas comment engager la conversation, celui-ci resta totalement silencieux. Finalement, lorsqu'on servit une assiette anglaise, il se décida à lui parler et lui demanda d'une voix tremblotante :

– Aimez-vous les cornichons ?

– Dois-je considérer cela comme une déclaration ? »

Mention spéciale à Sarah Bernhardt :

« George Bernard Shaw n'était pas un de ses admirateurs. Lors d'un dîner, il lui posa cette question d'un ton hautain :

– Cela vous gêne-t-il si je fume ?

– Cela ne me gênerait même pas que vous brûliez. »

Dans l'autre camp, les balles sifflent aussi, on canarde d'abondance, on vise juste ou, s'il faut user d'une métaphore moins guerrière, on enfile les perles misogynes pour le plus brillant des colliers – la galanterie nous interdit hélas d'en offrir des échantillons. Un seul, alors :

« En 1898, l'illustre courtisane Liane de Pougy publia un roman intitulé *L'Insaisissable*. L'ouvrage fut accueilli par ce commentaire d'Allais :

– Dès le titre, on voit tout de suite que ce n'est pas une autobiographie. »

Mais le plus émouvant de cette compilation tient aux moments où, pour détourner la célèbre phrase de François Ier à la bataille de Pavie, *tout est perdu, fors l'esprit*. Devant les coups du sort, à l'approche d'une inéluctable catastrophe ou lorsque tout conspire à votre perte, plus rien à faire que de finir en beauté en décochant un ultime trait, aussi admirable qu'inutile, un ultime trait par la grâce duquel vous prendrez rang parmi les perdants magnifiques – ces vaincus de l'existence passés à la postérité. Tel Tristan Bernard :

« En raison de ses origines juives, il fut arrêté durant l'Occupation et interné au camp de Drancy. Comme c'était l'hiver, son ami Sacha Guitry proposa de lui faire parvenir des vêtements chauds et lui demanda :

– De quel type de lainage avez-vous besoin ? D'un passe-montagne ? D'un chandail ?

– D'un cache-nez. »

Francis Blanche :

« Très malade, il fut contacté par un journaliste qui lui demanda :

– Puis-je vous poser une question ?

– Dans l'état où je suis, vous feriez mieux de me poser des ventouses. »

Ou Georges Clemenceau :

« Un soir, alors que le bruit courait à Paris qu'il était mourant, l'ancien garde des Sceaux René Renoult, qu'il avait en aversion, se présenta à son domicile. Lorsqu'on lui annonça sa visite, il soupira :

– Déjà les vers… »

Car pour tous ces orfèvres de la langue française, dont le présent ouvrage établit le gotha, l'essentiel reste bien d'avoir le dernier mot.

Éric Naulleau

INTRODUCTION

Depuis des siècles, les amateurs d'humour et d'esprit ont constitué des recueils de bons mots mêlant aphorismes, lazzis, méchancetés, répliques, sottises ou anecdotes. Il existe toutefois un type de trait d'esprit qui n'a jamais été l'objet d'une véritable anthologie : celui prononcé en réaction à un propos ou un événement particulier. S'il prend dans le premier cas les traits d'une réplique et dans le second d'un commentaire, sa finalité demeure : faire rire. Cette phrase spirituelle de circonstance, aujourd'hui appelée « répartie », a longtemps été connue sous le nom, plus poétique, de « mot d'esprit ».

Les différences entre un mot d'esprit et un simple lazzi sont parfois subtiles. Prenons un exemple pour bien les distinguer. En 1899, le président de la République, Félix Faure, décède brutalement à l'Élysée durant ses ébats avec sa maîtresse. À cette occasion, Georges Clemenceau fit ces deux commentaires restés célèbres : « *En entrant dans le néant, il a dû se sentir chez lui* » et « *Il se voulait César, il n'aura été que Pompée* ».

La première citation est un lazzi car elle se suffit à

elle-même pour être drôle. Son caractère spirituel repose sur l'association des mots « néant » et « chez lui », afin de faire passer Félix Faure pour quelqu'un d'inintelligent. Appliquée à quelqu'un d'autre ou même à un anonyme, la phrase reste comique. C'est une figure de style qui a presque valeur d'expression, à l'instar de cette autre formule, signée Sacha Guitry : « *Son sommeil était, de beaucoup, ce qu'elle avait de plus profond.* »

A contrario, la seconde citation est un mot d'esprit. En effet, il est impossible de la comprendre si l'on ne sait pas que Félix Faure avait le goût du faste (il était surnommé « le Président-Soleil ») et qu'il est mort, dit-on, au cours d'une fellation. Elle n'est ni interchangeable ni intemporelle et correspond à un commentaire spirituel qui n'a de sens qu'à la suite de cet événement.

À la différence des autres citations humoristiques, le mot d'esprit est une phrase totalement anodine qui, si elle ne répondait pas à un propos ou une situation, ne serait aucunement drôle. Comme on le verra, des phrases aussi insignifiantes que « *Quelle heure est-il ?* », « *Déjà ?* » ou « *Moi !* » peuvent constituer d'excellents mots d'esprit. Généralement, plus la répartie est courte, plus elle est efficace.

Pour constituer cette anthologie, j'ai choisi de ne pas mentionner les mots d'esprit se trouvant dans des œuvres de fiction.

D'abord, et contrairement à ce qu'on pourrait penser, parce que leur nombre est assez réduit. Presque inexistants dans la littérature, ils apparaissent surtout dans les pièces de théâtre ou dans les films, à travers les répliques.

Ensuite, parce que ce n'est pas dans la fiction, mais dans la vie réelle, que s'exprime le mieux leur force humoristique. Le mot d'esprit relève avant tout du registre de l'anecdote et naît davantage des conversations quotidiennes ou des épisodes les plus anodins de l'existence que de l'imagination d'un auteur. D'autre part, sa vraisemblance repose en grande partie sur sa spontanéité et un mot d'esprit trop brillant perd le crédit de l'authenticité.

J'ai choisi de ne faire figurer dans cette anthologie que les réparties prêtées à des personnalités célèbres. Il s'agit là d'une des caractéristiques majeures du mot d'esprit et qui le distingue radicalement de la blague, laquelle, fonctionnant essentiellement sur un humour involontaire, met en scène des protagonistes anonymes.

Cette personnalisation du mot d'esprit peut s'expliquer par une certaine tendance à attribuer aux grands hommes une aptitude à la répartie, mais pas seulement. La notoriété de son auteur rend aussi un bon mot plus plaisant à raconter et donne à celui-ci un impact propre à toute citation. Le lien étroit entre trait d'esprit et personnage célèbre est d'ailleurs très ancien. En 1693, un an après sa mort, le grammairien Gilles Ménage se vit consacrer un ouvrage dans lequel étaient rapportés ses pensées et ses bons mots. Intitulé *Menagiana*, il fut le premier recueil du genre et inaugura une longue série.

Les personnalités référencées dans cet ouvrage

sont des chefs d'État, des hommes politiques, des journalistes, des dramaturges, des écrivains, des militaires, des artistes, des religieux, des hommes d'affaires, des financiers, des avocats, des magistrats, des médecins, des hommes du monde… Bref, tous ceux dont le nom peut figurer dans un dictionnaire. Indiscutablement, c'est dans le milieu de la littérature que l'on trouve le plus grand nombre de faiseurs de mots d'esprit.

Le classement par auteur pour lequel j'ai opté exclut les mots d'esprit anonymes et nous prive malheureusement de quelques reparties qui, si elles avaient été attribuées à un personnage célèbre, auraient sans conteste mérité de figurer dans l'ouvrage. C'est le cas par exemple du bon mot de ce vigneron qui, durant la Révolution, rétorqua à un aristocrate de fraîche date ayant proposé, pour se faire bien voir, de mettre le feu à ses titres de noblesse : « *Ils ne brûleront pas, ils sont trop verts.* »

J'ai en revanche conservé les reparties prononcées par certains anonymes impliquant des personnalités connues.

La principale difficulté à laquelle je me suis heurté a été l'épineuse question de la paternité des mots d'esprit. À l'inverse de la citation qui doit reposer sur des sources incontestables, le mot d'esprit s'inscrit pleinement dans la culture de l'oralité et le registre de l'anecdote ; il est par conséquent quasi impossible d'en garantir l'authenticité. La majorité nous est connue par des sources de seconde main : biographes, mémorialistes, journalistes ou gazetiers, qui le plus souvent n'ont fait que rapporter des mots d'esprit dont ils n'ont pas été les témoins directs, ou ont simplement répété des anecdotes entendues. Or on devine que, pour le narrateur, la tentation est grande d'améliorer une répartie ou de la reformuler, afin d'amplifier son effet.

De même, il n'est pas rare qu'un même mot d'esprit soit attribué selon les sources à plusieurs personnalités, voire à un simple quidam. On peut par exemple retrouver dans des ouvrages du XVIIIe siècle des réparties que des biographes prêtent aujourd'hui à Clemenceau ou au général de Gaulle. Tristan Bernard avouait découvrir régulièrement dans les journaux des bons mots dont on prétendait qu'ils étaient de lui alors qu'il ne les avait jamais prononcés.

Enfin, il arrive que des réparties prêtées par des chroniqueurs à des dramaturges figurent également dans leurs œuvres, voire dans celles de leurs confrères. On peut ainsi trouver dans *Le Barbier de Séville* une réplique qui d'après les mémorialistes de l'époque serait de l'Irlandais Richard Brinsley Sheridan. Comment savoir si Beaumarchais s'est approprié un mot d'esprit prononcé par son confrère ou bien si c'est le contraire ? Évidemment, en cas de litige, les sources les plus anciennes et les auteurs les plus scrupuleux ont été privilégiés. Il m'est cependant arrivé de déroger quelques fois à cette règle, lorsque les sources les plus fiables attribuaient un mot d'esprit à un quidam, et d'autres à un personnage célèbre. Il aurait en effet été fort dommage de nous priver de certaines trouvailles…

La constitution de cette anthologie a nécessité la consultation de centaines de sources, des anas du XVIIIe siècle aux recueils les plus récents, en passant par la presse de la Troisième République, particulièrement friande de mots d'esprit (voir la bibliographie détaillée en fin d'ouvrage).

Bien que je ne me sois pas circonscrit à l'Hexagone, l'écrasante majorité des personnalités citées sont françaises. Ceci s'explique bien sûr par la barrière de la langue, les reparties fondées sur des jeux de mots étant incompréhensibles pour un non-bilingue, mais aussi et surtout par l'intérêt porté dans notre pays pour le mot d'esprit, sans équivalent dans le reste du monde. En France, le bon mot a longtemps fait la joie des élites intellectuelles et permis d'animer les « dîners en ville ». On sera cependant peu étonné de voir figurer dans l'ouvrage de nombreux Britanniques, maîtres en matière d'humour, malgré leur nette préférence pour l'absurde ou le *nonsense*.

De la même manière, je n'ai pas voulu me restreindre à une seule époque. Sont donc présentes dans cette anthologie des reparties datant de l'Antiquité comme de ces dernières décennies. Force est de constater que certaines périodes sont beaucoup plus fécondes que d'autres.

Historiquement, on peut remarquer que le goût du mot d'esprit s'est développé en France avec l'émergence de la société de cour, soit au début du XVIIe siècle. En cela, il participe de ce que le sociologue allemand Norbert Elias a théorisé sous le nom de « processus de civilisation », lequel se caractérise par une intériorisation des normes sociales et le contrôle accru des émotions. Moyen de remplacer la violence physique, le recours à la répartie spirituelle a ainsi contribué au raffinement des mœurs.

Ce n'est donc nullement un hasard si le mot d'esprit a connu son heure de gloire dans les dernières décennies de l'Ancien Régime, période de raffinement exacerbé, si bien dépeinte dans le film *Ridicule*, où l'esprit français a atteint son apogée, porté par ses plus illustres représentants : Voltaire, Fontenelle, Alexis Piron, Sophie Arnould, Rivarol... C'est à regret que j'ai dû renoncer à un grand nombre de réparties de cette époque, malheureusement forgées sur un vocabulaire obsolète, des expressions désuètes ou des coutumes disparues, les rendant difficilement compréhensibles aujourd'hui.

Le mot d'esprit a connu un nouvel âge d'or, moins célèbre que le premier, mais tout aussi fécond, voire davantage, durant la Belle Époque, période marquée par l'esprit des dramaturges que le Tout-Paris s'arrachait dans les dîners mondains pour le seul plaisir d'entendre des bons mots : Georges Feydeau, Tristan Bernard, Aurélien Scholl, Alfred Capus ou Georges Courteline. Sacha Guitry en sera l'ultime représentant.

Parce qu'il était nécessaire de fixer un nombre de réparties afin de procéder au fil de mes recherches à un écrémage, j'en ai choisi mille. Outre sa portée symbolique, ce nombre s'est surtout avéré le meilleur compromis possible entre qualité et quantité. En dessous, cette anthologie eût un peu trop ressemblé aux précédents ouvrages de compilation ; au-dessus, les mots d'esprit auraient été d'une trop grande disparité et le recueil se serait transformé en dictionnaire.

Mes choix ont avant tout été guidés par la qualité et l'originalité des mots d'esprit, ce qui m'a parfois contraint, je le confesse, à me référer à des sources plus litigieuses. J'ai écarté les bons mots historiques, politiques, amers ou profonds, ceux qui reposaient sur une métaphore ou une chute, ceux enfin qui apparaissaient comme fabriqués de toutes pièces. J'ai privilégié l'esprit, la finesse, la subtilité, la légèreté, les mots d'esprit qui ont le mieux vieilli, les plus ingénieux et les plus accessibles.

Fruit de quatre années de recherche, cette anthologie égaiera le lecteur, lui permettra de briller en société, et, souhaitons-le, l'inspirera.

Marcel ACHARD

1899-1974

Dramaturge. Membre de l'Académie française

Une de ses admiratrices lui confiait, pleine d'enthousiasme :

– Cher maître, je ne rate jamais une de vos pièces.
– **Moi si, hélas, chère madame.**

⁂

Il reçut une invitation à dîner, libellée en ces termes :

– Mon salon sera pavé de jolies femmes.

Il adressa cette réponse :

– **J'arrive ventre à terre.**

⁂

Marcel Achard se fit aussi clouer le bec à plusieurs occasions.

Alors qu'il sortait de l'Académie française en compagnie d'un de ses confrères, il croisa une séduisante jeune femme. Sous le charme, Achard murmura à son ami :

– Je lui ferais bien l'amour…
– **Bien ? Tu veux plutôt dire « volontiers ».**

⁂

Sa domestique était si maladroite qu'elle cassait de nombreux objets dans la maison. Excédé, il lui en fit grief :

– Ma pauvre fille, vous ne gagnez pas assez pour payer tous les dégâts que vous causez.
– **Si monsieur voulait m'augmenter en conséquence, cela pourrait s'arranger.**

Hermann ADLER

1839-1911

Grand rabbin de l'Empire britannique

Lors d'un dîner officiel, il se trouva placé à côté de l'archevêque de Westminster, le cardinal Herbert Vaughan. Afin de railler l'interdiction faite aux juifs de consommer de la viande de porc, le prélat catholique lui demanda :

– Quand aurai-je le plaisir de partager un morceau de jambon avec vous ?
– **À votre mariage, Éminence !**

D'ALEMBERT

(Jean Le Rond d'Alembert)

1717-1783

Mathématicien, philosophe et encyclopédiste.
Membre de l'Académie française

Un jour, à l'Académie française, l'abbé de Voisenon dut quitter une séance avant la fin et lança à destination de ses confrères :

– S'il se dit ici quelque sottise, on ne manquera pas de me la prêter.
– **Monsieur l'abbé, on ne prête qu'aux riches.**

*

L'abbé Trublet prétendait avoir fait de nombreuses conquêtes lorsqu'il était chanoine à Saint-Malo. Un jour, il se vanta devant d'Alembert :

– Lorsque je prêchais devant les femmes de la ville, je faisais tourner toutes les têtes.
– **Oui, mais de l'autre côté.**

*

Alphonse ALLAIS

1854-1905

Écrivain et humoriste

Durant sa jeunesse, il travailla à Honfleur dans la pharmacie de son père. Un jour, une dame qui désirait un remède lui décrivit ses douleurs d'estomac :

– Je ne sais pas ce que j'ai, ça me monte, ça me descend, puis ça me remonte…
– **N'auriez-vous pas avalé un ascenseur ?**

*

Après avoir renoncé au métier de pharmacien, Allais tenta sa chance à Paris où il gagna sa vie comme journaliste. Le jour où il alla percevoir sa première paie, il annonça au caissier du journal :

– Bonjour, je viens toucher mon appointement.
– Vous voulez dire « mes appointements ».
– **Oh, je ne vais pas déranger le pluriel pour si peu de chose.**

⁂

Il rencontra un père jésuite qui lui demanda son chemin. Connaissant l'aptitude de ces religieux à donner des explications retorses, Allais lui indiqua :

– **Vous ne trouverez jamais, mon père, c'est tout droit.**

⁂

Un homme chez lequel il était convié s'enorgueillissait de sa belle bibliothèque vitrée dont il ne lisait pourtant pas les livres. Désirant montrer un ouvrage très rare à son visiteur, le collectionneur chercha la clé de la bibliothèque mais ne la trouva point. Il se confondit en excuses devant Allais, qui ne manqua pas d'ironiser :

– **Heureusement pour vous, elle est fermée.**

⁂

L'historien G. Lenotre lui présentait fièrement le pot de chambre de Marie-Antoinette qu'il venait d'acquérir et lui assura :

– Je l'ai payé cent francs !
– **Plein ?**

⁂

En 1898, l'illustre courtisane Liane de Pougy publia un roman intitulé *L'Insaisissable*. L'ouvrage fut accueilli par ce commentaire d'Allais :

– **Dès le titre, on voit tout de suite que ce n'est pas une autobiographie.**

⁂

Le comte d'ARANDA

(Pedro Pablo Abarca de Bolea)

1718-1798

Diplomate et homme d'État espagnol

À son avènement en 1774, Louis XVI renvoya quatre ministres de son prédécesseur. Comme cet épisode se déroula un 24 août, jour anniversaire du massacre de la Saint-Barthélemy, on lança cette boutade à la cour :

– Voici une belle Saint-Barthélemy de ministres !

– **Oui, mais celle-ci, ce n'est pas le massacre des Innocents.**

⁂

ARCHÉLAOS Ier

Mort en 399 av. J.-C.

Roi de Macédoine de 413 av. J.-C. à 399 av. J.-C.

Un barbier, bavard infatigable, s'apprêtait à le raser pour la première fois et le questionna :

– Comment souhaitez-vous que je vous fasse la barbe ?

– **Sans dire un mot.**

⁂

Paul ARÈNE

1843-1896

Poète

Il eut une discussion politique animée avec le poète nationaliste Paul Déroulède. Ce dernier proclama fièrement :

– Moi, je suis un convaincu !

– **Ne vous en faites pas, vous prendrez votre revanche.**

Le comte d'ARGENSON

(Marc Pierre de Voyer de Paulmy)

1696-1764

Secrétaire d'État à la Guerre

D'Argenson fut le protecteur de l'écrivain Moncrif, auteur d'une *Histoire des chats* qui donna lieu à quantité de plaisanteries à la cour. Quelques années plus tard, lorsque ce dernier brigua la charge d'historiographe de France en remplacement de Voltaire, il sollicita l'appui du comte. Mais d'Argenson éconduisit son visiteur :

– **Vous pouvez uniquement prétendre à la charge d'« historiogriffes ».**

Le comte d'ARGENTAL

(Charles Augustin de Ferriol d'Argental)

1700-1788

Ambassadeur

En 1761, son ami Voltaire lui fit parvenir le manuscrit de sa nouvelle tragédie, *Olympie*, affirmant l'avoir entièrement rédigée en six jours. Après l'avoir lue, le comte lui transmit cette réponse :

– **L'auteur n'aurait pas dû se reposer le septième.**

ARISTIPPE DE CYRÈNE

435 av. J.-C.-355 av. J.-C.

Philosophe grec. Disciple de Socrate

Pour s'être mis au service du tyran Denys l'Ancien, il fut la cible d'âpres critiques de la part de Diogène. Un jour où ce dernier était en train de laver ses choux, il aperçut Aristippe et lui cria :

– Si tu savais manger des choux, tu ne ferais pas ta cour aux grands.

– **Et toi, si tu savais faire ta cour aux grands, tu ne serais pas réduit à manger des choux.**

ARLETTY

(Léonie Bathiat)

1898-1992

Actrice

En 1944, elle fut arrêtée pour avoir eu durant l'Occupation une liaison avec un officier allemand. Au début de son interrogatoire, le juge lui demanda d'un ton méprisant :

– Alors Bathiat, comment vous sentez-vous, ce matin ?

– **Pas très résistante.**

Antoine Vincent ARNAULT

1766-1834

Poète et dramaturge. Membre de l'Académie française

Complètement éclaboussé par le passage d'un cabriolet, il laissa éclater sa colère en injuriant le maître du véhicule. L'ayant entendu, ce dernier stoppa net et s'écria :

– Vous m'insultez, monsieur, et vous m'en rendrez raison. Voici mon adresse.

– **Votre adresse, vous feriez mieux de la garder pour conduire votre cabriolet.**

Sophie ARNOULD

1740-1802

Chanteuse et comédienne

La comédienne Mlle Beaumenard avait reçu d'un admirateur fort riche une somptueuse rivière de diamants qu'elle adorait arborer. Quelqu'un ayant relevé que la rivière descendait bien au-delà de son décolleté, Sophie Arnould donna cette explication :

– **C'est qu'elle retourne à sa source.**

⁂

En 1762 décédait le pamphlétaire François-Antoine Chevrier. Comme on prétendait qu'il avait été empoisonné, elle fit ce commentaire :

– **Juste ciel, il aura sucé sa plume !**

⁂

Après que la nouvelle pièce de Michel Jean Sedaine eut connu un four éclatant, le dramaturge essaya d'analyser son échec :

– La poire n'était pas mûre…

– **Cela ne l'a pas empêchée de tomber.**

⁂

En 1764 s'éteignait le célèbre compositeur Jean-Philippe Rameau. Durant la cérémonie en sa mémoire, elle lui rendit cet hommage :

– **Nos lauriers ont perdu leur plus beau rameau.**

⁂

Un musicien, amant de Mlle Miré, mi-danseuse, mi-courtisane, mourut d'une maladie vénérienne. Elle proposa l'épitaphe suivante :

– **La mi ré la mi la.**

⁂

On parlait d'une femme qui avait décidé de se marier après une vie très volage. Quelqu'un commentait :

– Elle aimait de tous les côtés ! Une véritable girouette !

– **Et comme une girouette, quand elle est rouillée elle se fixe.**

⁂

Elle avait une liaison avec le comte de Lauraguais, mais celui-ci s'amouracha d'une autre comédienne, Mlle Robbé. Un jour, son amant lui fit part de son désarroi après avoir trouvé chez la nouvelle élue de son cœur un chevalier de Malte. Elle observa :

– **Il continue à chasser les infidèles[1].**

⁂

En 1769, le dramaturge Poinsinet partit pour l'Espagne où il espérait obtenir la charge d'intendant des menus-plaisirs du roi Charles III. Dès son arrivée, il se noya dans le Guadalquivir. Apprenant la nouvelle, elle s'exclama :

– **Voilà tous ses projets à vau-l'eau.**

⁂

1. Les chevaliers de Malte étaient les successeurs des Hospitaliers, des moines soldats établis en Terre sainte durant les croisades.

Une actrice de la Comédie-Française, Mlle Dubois, se plaignait d'avoir déjà atteint 30 ans. Elle lui fit remarquer :

– **Console-toi, tu t'en éloignes tous les jours.**

*

En 1770, Beaumarchais présenta à la Comédie-Française sa nouvelle pièce, *Les Deux Amis*, qui fut un échec total. Au même moment, Sophie Arnould se produisait à l'Opéra dans *Zoroastre* de Rameau. Les premières représentations n'ayant pas attiré la foule, Beaumarchais pronostiqua :

– Dans huit jours, vous n'aurez plus personne.
– **Vos *Amis* nous en enverront.**

*

Une danseuse de l'Opéra, Mlle Duplant, était entretenue par un homme à la moralité douteuse et qui dépensait des fortunes pour elle. Lorsque celui-ci se présenta à l'Opéra, quelqu'un s'empressa de le désigner à Sophie Arnould en chuchotant :

– Tiens, voilà le dindon que la Duplant a si bien plumé.
– **Cela ne l'empêchera pas de voler.**

*

On lui présenta trois sœurs comédiennes qui avaient pour prénoms Rose, Hyacinthe et Marguerite. Elle s'exclama :

– **Quelle plate-bande !**

*

Nommé contrôleur général des finances, l'abbé Terray dut faire face à une situation financière calamiteuse et accrut la pression fiscale, ce qui lui valut le surnom de « Vide-Gousset ». Un soir d'hiver, elle le croisa muni d'un luxueux manchon. Elle protesta :

– **Qu'a-t-il besoin d'un manchon, il a toujours les mains dans nos poches.**

⁂

Le dramaturge Antoine-Marin Lemierre plastronnait :

– Rappelez-vous qu'après la première représentation d'*Hypermnestre*, d'Alembert a dit que j'ai fait faire un pas à la tragédie.

– **Est-ce en avant ou en arrière ?**

⁂

Un banquier lui énumerait ses nombreuses conquêtes féminines. Il se vanta notamment d'avoir obtenu à prix d'or les faveurs d'une comédienne dont la largeur de l'organe sexuel l'avait grandement étonné, ajoutant d'un ton narquois :

– En me logeant chez elle, je ne croyais pas occuper un si vaste appartement.

– **Il faut dire qu'elle ne vous attendait pas avec un si petit bagage.**

⁂

En se promenant dans un parc, elle rencontra par hasard le poète Gentil-Bernard. Étonnée de le trouver en ce lieu, elle lui demanda ce qu'il faisait. L'homme de lettres répondit :

– Je m'entretiens avec moi-même.

– **Prenez garde, vous causez avec un flatteur.**

⁂

Premier ministre de Louis XV, Choiseul fut accusé de dilapider les finances royales. Lorsqu'il fut évincé du pouvoir en 1770, ses partisans mirent à la mode des tabatières ornées du double portrait de Choiseul et de Sully, célèbre ministre d'Henri IV, réputé pour sa bonne gestion. La vue de ces tabatières lui inspira cette réflexion :

– **Ils ont mis la recette et la dépense ensemble.**

⁂

Mlle Laguerre était l'une des comédiennes les plus entretenues de Paris et exigeait de chacun de ses nombreux amants qu'il la couvrît de cadeaux. Lors d'une vente de ses effets personnels, une actrice émerveillée par la valeur des objets s'exclama :

– On dirait un conte de fées.

– **Dites plutôt un conte des *Mille et Une Nuits*.**

⁂

En 1777, le marquis de Saint-Marc fit jouer à Fontainebleau une de ses œuvres dont le titre était : *Fatmé ou Le Langage des fleurs*. L'opéra ne rencontra aucun succès. Lorsqu'on demanda à Sophie Arnould son opinion sur cette œuvre, elle répondit simplement :

– **Dommage qu'il ait oublié les pensées.**

⁂

Quelqu'un lui faisait admirer le bassin artificiel qu'il venait de faire construire et lui dit :

– Ne trouvez-vous pas que cela ressemble à une rivière ?

– **Oui, comme deux gouttes d'eau.**

⁂

Une jeune femme défiait le marquis de Bièvre, roi des calembours, en lui disant :

– Faites un calembour sur moi !
– **Attendez donc qu'il y soit.**

*

Elle avait fait aménager dans sa chambre un superbe lit dont le ciel ressemblait à une coupe renversée. Lorsqu'il le découvrit, un de ses amis la complimenta :

– Voici un bien beau dôme.
– **Oui, mais celui-ci n'est pas celui des Invalides.**

*

Herbert Henry ASQUITH

1852-1928

Premier ministre du Royaume-Uni de 1908 à 1916

Un de ses employés se plaignait :

– J'estime que mes appointements ne sont pas ce qu'ils devraient être.
– **Mais s'ils l'étaient, comment pourriez-vous vivre ?**

*

Un de ses proches collaborateurs venait de décéder. Aussitôt, un ambitieux s'empressa de se porter candidat au poste du défunt et lui fit savoir :

– Je suis prêt à prendre sa place.
– **Entendu, vous n'avez qu'à vous arranger avec les pompes funèbres.**

*

Nancy ASTOR

1879-1964

Députée britannique

En décembre 1919, elle fut la première femme élue à la Chambre des communes. Elle y retrouva son vieil ennemi, Winston Churchill, qui l'accueillit par ces mots peu amènes :

– Votre intrusion dans cette assemblée d'hommes est aussi embarrassante que si vous faisiez irruption dans ma salle de bains alors que je suis complètement nu et que je n'ai rien sous la main pour me couvrir.

– **Winston, vous ne devriez pas vous en faire pour une si petite chose...**

*

Convié à un bal masqué, Churchill se demandait tout haut quel déguisement il allait bien pouvoir revêtir. Elle lui fit cette suggestion :

– **Allez-y à jeun, personne ne vous reconnaîtra.**

*

Daniel François Esprit AUBER

1782-1871

Compositeur

Il accompagnait au piano une femme ayant des prétentions au chant mais qui avait le plus grand mal à interpréter un air en maintenant le ton sur lequel elle avait commencé. Consciente de ses limites, elle lui annonça :

– Je vais le prendre en mi.
– **Non, madame, restons-en là.**

*

Yvan AUDOUARD

1914-2004

Journaliste et écrivain

Une actrice prétendait qu'un fils de bonne famille, qui ne brillait guère par son intelligence, allait la demander en mariage. Comme on souhaitait savoir ce qui pouvait lui faire penser cela, elle argua simplement :

– Je lis dans ses pensées.
– **Tu ne dois pas beaucoup te fatiguer la vue…**

*

Jacques Mathieu AUGEARD

1732-1805

Fermier général

Chef de file de la campagne contre la politique de Necker, il tentait de convaincre Marie-Antoinette des dangers des agiotages pratiqués par le contrôleur général des finances, qu'il surnommait le « Jongleur genevois ». La reine s'exclama avec stupéfaction :

– Comment ? Selon vous, monsieur Necker nous ferait jouer notre royaume à quitte ou double ?
– **Plût au ciel, madame, vous auriez au moins une chance !**

⁂

Émile AUGIER

1820-1889

Dramaturge.
Membre de l'Académie française

À l'occasion d'un dîner mondain, un homme d'affaires présomptueux pérorait :

– Moi, voyez-vous, lorsque j'ai débuté, j'avais pour unique bagage ma seule intelligence.

Augier murmura à ses voisins :

– **Autant dire pas grand-chose…**

⁂

AUGUSTE

63 av. J.-C.-14 apr. J.-C.

Premier empereur romain

Il fut mouché par l'un de ses sujets.

On lui présenta un esclave grec qui lui ressemblait comme deux gouttes d'eau. Étonné, l'empereur le questionna :

– Ta mère ne serait-elle pas venue à Rome avant ta naissance ?

Devinant ce qu'Auguste voulait insinuer, l'esclave le prit à son propre piège en répondant :

– **Non, seulement mon père.**

⁂

Georges AURIC

1899-1983

Compositeur

Paul Morand lui racontait que, durant un bal masqué, une dame très collet monté l'avait entraîné dans un bosquet, où elle s'était jetée sur lui en s'écriant :

– Encule-moi !

Auric observa :

– **Hélas, dans un cas pareil, on n'a même pas la ressource de fuir en criant : « Impossible, je suis pédéraste. »**

⁂

Dominique AURY

(Anne Desclos)

1907-1998

Femme de lettres

On discutait du physique d'une jeune femme. Dominique Aury ne la trouvait pas belle et faisait remarquer qu'elle avait le menton en galoche. Quelqu'un releva néanmoins :

– Avouez qu'elle a de beaux yeux !

– **Surtout le gauche.**

⁂

Marcel AYMÉ

1902-1967

Écrivain

Dans un dîner, un invité fort présomptueux se vantait :

– Moi, je me suis fait tout seul.

– **Vous déchargez Dieu d'une bien grande responsabilité.**

⁂

Hermann BAHR

1863-1934

Écrivain autrichien

Il reçut le manuscrit d'une tragédie historique écrite par un auteur débutant, accompagné de cette requête :

– Si vous y trouvez quelques fautes, je vous demande de me dire la vérité. Les critiques venues d'une source aussi judicieuse que la vôtre m'anobliraient.

Sa réponse fut sans appel :

– **J'aimerais faire de vous au moins un archiduc.**

⁂

Joséphine BAKER

(Freda Josephine McDonald)

1906-1975

Danseuse et meneuse de revue

Son début de carrière dans la Revue nègre, *où elle dansait vêtue d'un simple pagne de bananes, inspira un mot d'esprit.*

Le 30 mai 1968, elle participa à la grande manifestation en soutien au général de Gaulle, aux côtés des ministres et de François Mauriac. Cela lui valut ce commentaire du *Canard enchaîné* :

– **Elle a commencé avec les bananes, elle finit avec le régime.**

⁂

Patrick BALKANY

Né en 1948

Homme politique

Son implication dans de nombreux scandales politico-financiers fut à l'origine d'un mot d'esprit.

En 2017, son ancien directeur de cabinet, Jean-Pierre Aubry, fut condamné à un an de prison avec sursis pour détournements de fonds publics. Les journaux titrèrent :

– Le bras droit de Patrick Balkany condamné dans une affaire d'emploi fictif.

Un commentateur répliqua :

– **Le reste du corps devrait suivre.**

Jules BARBEY D'AUREVILLY

1808-1889

Écrivain

Il entrait un jour dans un restaurant dont toutes les tables étaient occupées. Apercevant le critique Armand de Pontmartin, il lui demanda la permission de s'asseoir à sa table. Sur le point de déguster une douzaine d'huîtres, celui-ci refusa :

– Mille regrets, mais je déjeune toujours seul.

– **Comment osez-vous me dire ça alors que je vous surprends treize à table ?**

Une jeune femme à qui il faisait des propositions indécentes s'offusqua :

– Monsieur, vous me prenez pour une autre ?

– **Non, madame, je vous prends pour moi.**

⁂

Il aperçut une jeune mère qui enlaçait tendrement son fils avant de partir au bal. Ses cheveux très blonds tombant sur le bambin lui inspirèrent ce commentaire :

– **Si jeune et déjà décoré de la Toison d'or…**

⁂

Alors qu'il déjeunait au café Tabourey, près de l'Odéon, il constata qu'à la table voisine se trouvait l'historien Louis Blanc, un homme de toute petite taille. Son repas terminé, ce dernier prit son chapeau et se dirigea vers la sortie en oubliant son crayon sur la table. Barbey d'Aurevilly s'en saisit et en avisa aussitôt le petit homme :

– **Monsieur, vous oubliez votre canne.**

⁂

Dans le salon de Mme de Chevrilly, il se plaisait à soutenir que toutes les femmes étaient des anges tombés des cieux. Pas dupe de ses flatteries, une invitée désigna son nez tout aplati et le prit au mot :

– Regardez mon nez et osez me dire à moi aussi que je suis un ange.

– **Vous êtes un ange, madame, mais tombé des cieux sur le nez.**

⁂

Un inconnu sollicita son aide pour composer l'épitaphe de sa belle-mère. Comme il n'avait pour elle qu'un faible attachement et que le marbrier était très cher, il le pria de trouver la formule la plus courte possible. Barbey d'Aurevilly rédigea sur une feuille de papier cette épitaphe laconique :

– **Enfin.**

Edmond BARRACHIN

1900-1975

Homme politique

Élu député RPF en 1951, il tentait de convaincre le général de Gaulle d'autoriser son parti à conclure une alliance avec d'autres formations politiques afin de participer au gouvernement. Un vif échange opposa les deux hommes, à l'issue duquel le général tempêta :

– Sans moi, vous ne seriez pas député !

– **Sans vous, je serais ministre !**

Camille BARRÈRE

1851-1940

Diplomate

Sa participation à la Commune de Paris en 1871 fut à l'origine d'un mot d'esprit.

Alors qu'il était ambassadeur de France en Italie, il se rendit à Londres pour assister à une cérémonie. Là-bas, une dame lui demanda si, en chemin, il s'était arrêté au Quai d'Orsay. Ce à quoi il répondit :

– Non, madame, je suis venu directement de Rome en brûlant Paris.

Un convive s'exclama alors :

– **Encore !**

Théodore BARRIÈRE

1823-1877

Dramaturge

Un de ses amis lui rapportait :

– Alexandre Dumas fils prétend que tu es un cheveu dans son existence.
– **Et lui, il est une fière perruque dans la mienne !**

Ethel BARRYMORE

(Ethel Blythe)

1879-1959

Actrice américaine

Elle avait invité à dîner chez elle une jeune actrice. Or non seulement celle-ci ne vint pas, mais elle ne daigna même pas s'excuser de son absence. Quelques jours plus tard, la jeune actrice en question rencontra par hasard Ethel Barrymore et lui demanda d'un air hautain :

– Si je ne me trompe, vous m'avez invitée à dîner chez vous l'autre jour ?

– **Ah oui ? Et est-ce que vous êtes venue ?**

⁂

Lionel BARRYMORE

(Lionel Herbert Blythe)

1878-1954

Acteur américain. Frère de la précédente

En 1905 décédait son père, l'acteur Maurice Barrymore. Le jour des funérailles, lorsque le cercueil fut placé au fond de la tombe, on s'aperçut que les courroies qui le maintenaient s'étaient entremêlées. Pour les démêler, on fut donc contraint de faire remonter le cercueil à la surface. Quand celui-ci réapparut, Lionel Barrymore ne put s'empêcher de dire :

– **C'est bien lui, il ne peut pas partir sans donner un rappel.**

⁂

François de BASSOMPIERRE

1579-1646

Maréchal de France

Appréciant tout autant le château du Louvre que celui de Saint-Germain-en-Laye, Marie de Médicis lui confiait :

– J'aime tellement Paris et tellement Saint-Germain que je voudrais avoir un pied à l'un et un pied à l'autre.
– **Alors moi je voudrais être à Nanterre[1].**

⁂

Il avait signé une promesse de mariage avec Mlle d'Entragues mais ne respecta pas ses engagements, au grand dam de la jeune femme qui persistait néanmoins à se faire appeler « madame de Bassompierre ». Un jour, tandis qu'il se promenait avec Marie de Médicis, son carrosse s'arrêta juste à côté de celui de Mlle d'Entragues. Cette dernière, ayant entendu son ancien fiancé se moquer d'elle, lui jeta, furieuse :

– Vous êtes le plus sot des hommes !
– **Que diriez-vous alors si je vous avais épousée !**

⁂

Lors du siège de La Rochelle, Louis XIII découvrit un pou sur le pourpoint de Bassompierre et lui lança :

– Maréchal, je vais dire quel pouilleux vous faites !
– **Que Votre Majesté s'en garde bien ou l'on croira qu'on ne gagne que cela à son service.**

⁂

1. Soit à mi-chemin.

Hostile à Richelieu, il fut embastillé entre 1631 et 1643. Durant sa captivité, le manque d'exercice accrut son embonpoint, si bien que lorsqu'il fut libéré, la reine, Anne d'Autriche, étonnée de sa grosseur, lui dit :

– Quand accoucherez-vous ?
– **Madame, quand j'aurai trouvé une sage-femme.**

*

Vers la fin de sa vie, il croisa par hasard le jeune duc de La Rochefoucauld, qui se fardait et se teignait les cheveux. Ce dernier l'apostropha :

– Vous voilà gros, gras, gris.
– **Et vous, vous voilà teint, peint, feint.**

*

Victoire Eugénie de BATTENBERG

1887-1969

Reine consort d'Espagne

Après la proclamation de la République en 1931, elle dut se réfugier en France avec son mari. Chaque année, elle recevait la visite d'un certain Dupont, maire du village de Gueugnon-la-Bazoche-sur-Sauldre, lequel s'était au fil du temps octroyé d'imaginaires titres de noblesse et se présentait désormais comme baron de Sauldre et comte de Bazoche. Cela lui valut ce commentaire de la reine :

– **S'il continue comme cela, il va finir comme nous, en exil.**

*

Guillaume BAUTRU

1588-1665

Poète, homme politique et diplomate.
Membre de l'Académie française

Protégé de Gaston d'Orléans, l'abbé de La Rivière convoitait le chapeau de cardinal. Il se rendit à Rome afin de l'obtenir, mais en vain. Comme il s'enrhuma durant son retour en France, Bautru fit ce commentaire :

– **Voilà ce que c'est que de revenir de Rome sans chapeau.**

*

Sa petite taille et sa rousseur suscitèrent un mot d'esprit.

Des paysans originaires de Mirebeau, ville renommée pour sa foire aux ânes, vinrent trouver le cardinal de Richelieu afin de lui soumettre plusieurs doléances. Cherchant à divertir le ministre, Bautru tenta de les ridiculiser en demandant à leur porte-parole :

– Monsieur, combien valaient les ânes en votre pays quand vous partîtes ?
– **Ceux de votre taille et de votre poil valaient dix écus.**

*

Eugène de BEAUHARNAIS

1781-1824

Fils de l'impératrice Joséphine. Vice-roi d'Italie

En 1805, son mariage avec la princesse Augusta Amélie de Bavière fut à l'origine d'un mot d'esprit.

Passant devant les tentes de ses soldats, il entendit deux d'entre eux commenter l'événement :

– C'est un bel homme, dommage qu'il n'ait plus de dents.

– **Bah ! On n'a pas besoin de dents pour prendre une Bavaroise.**

Nicolas BEAUZÉE

1717-1789

Grammairien. Membre de l'Académie française

Un gentilhomme de province sans éducation prenait de ses nouvelles :

– Comme vous portez-vous ?

– **Comment vous voyez.**

Henry BECQUE

1837-1899

Dramaturge

Ses amis parlaient d'un jeune homme qui avait été l'assistant d'un financier et qui s'était récemment établi à son compte. Il commenta :

– **Désormais, il vole de ses propres ailes...**

⁂

Roger de BELLEGARDE

(Roger de Saint-Lary de Bellegarde)

1562-1646

Conseiller d'Henri IV et gouverneur de Bourgogne

Lors d'une visite d'Henri IV à Rouen, le président du parlement, chargé de prononcer un discours en l'honneur du souverain, perdit ses moyens et ne parvint plus à trouver ses mots. Bellegarde déclara alors au roi :

– **Sire, il ne faut point s'en étonner, les Normands sont sujets à manquer de parole.**

⁂

Jean-Baptiste de BELLOY

1709-1808

Cardinal

Alors qu'il était âgé de 96 ans et jouissait d'une santé robuste, il reçut la visite de Napoléon. Admiratif de sa longévité, l'Empereur pronostiqua :

– Monsieur le cardinal, vous vivrez jusqu'à 100 ans.

– **Et pourquoi voulez-vous donc que je n'aie plus que quatre ans à vivre ?**

Pierre BÉNARD

1898-1946

Journaliste

Il assistait au procès d'un meurtrier. Durant sa plaidoirie, l'avocat de l'accusé assura :

– Mon client a perdu la tête !

Il chuchota alors :

– **N'anticipons pas.**

Robert BENCHLEY

1889-1945

Journaliste, acteur et humoriste américain

Lors d'une soirée mondaine, il aborda cavalièrement une jeune femme :

– Mademoiselle, j'aimerais beaucoup faire l'amour avec vous…

– Pardon monsieur, mais je ne suis pas une putain !

– **Mais qui vous a parlé d'argent ?**

⁂

À la mort d'une actrice dont la vie sentimentale avait été extrêmement tumultueuse, il proposa d'inscrire sur sa tombe :

– **Enfin, elle dort seule.**

⁂

Isaac de BENSERADE

1612-1691

Dramaturge. Membre de l'Académie française

Au cours d'un dîner, il se trouva assis à côté d'une dame qui avait fort mauvaise haleine. Après que cette dernière eut interprété une chanson, il déclara :

– **La voix de madame est jolie, mais l'air ne vaut rien.**

⁂

Léon BÉRARD

1876-1960

Député et sénateur

On parlait d'un député, connu pour être homosexuel, qui avait été blessé durant la Grande Guerre. Quelqu'un ayant demandé durant quelle bataille l'événement s'était produit, il répondit :

– **Certainement pas au chemin des Dames !**

⁂

Une maîtresse de maison, grande coquette sur le retour, montrait à ses invités un portrait d'elle enfant, annonçant fièrement :

– Il a été peint par un maître célèbre !

Il chuchota à l'oreille de son voisin :

– **Ces peintres de la Renaissance sont indépassables…**

⁂

Sur les bancs du Sénat, il écoutait le discours ennuyeux d'un parlementaire qui articulait très mal. Son voisin lui fit observer :

– Il avale toutes ses phrases…

– **Il ne pourra jamais les digérer.**

⁂

Henri BÉRAUD

1885-1958

Écrivain et journaliste

Lors de l'enterrement d'un industriel controversé, l'orateur chargé de l'oraison funèbre déclara :

– Avec lui s'éteint un homme charitable.

Il chuchota à l'oreille de son voisin :

– **Ah oui, et qui ça ?**

*

Hector BERLIOZ

1803-1869

Compositeur

Alors qu'il revenait d'un concert où l'on avait massacré l'une de ses œuvres, il tomba sur un de ses amis qui en profita pour lui demander :

– Alors, comment avez-vous été exécuté ?
– **Comme un criminel.**

*

Tristan BERNARD

(Paul Bernard)

1866-1947

Dramaturge et écrivain

Il dînait un soir chez une maîtresse de maison particulièrement pingre. Au moment du dessert, celle-ci fit apporter un assortiment de pâtisseries, toutes coupées en deux. Pour railler l'avarice de l'hôtesse, il s'empara alors d'un demi-baba au rhum et dit :

– **Je crois que je vais me laisser tenter par un ba.**

*

Un noctambule invétéré venait de mourir subitement. Lorsqu'il apprit que les obsèques allaient être célébrées le surlendemain, il déclara :

– **C'est bien la première fois qu'il va passer deux soirées de suite chez lui.**

*

Arrivé en retard à un déjeuner chez Maxim's, il prit place à table en saluant chaleureusement ses amis. L'un d'eux s'empressa de l'avertir :

– Vous êtes assis sur mon chapeau.
– **Et alors ? Vous ne partez pas tout de suite.**

*

L'acteur Mounet-Sully avait parié qu'il réussirait à faire pleurer ses auditeurs en leur lisant un simple article de journal pris au hasard. Apprenant que le comédien avait gagné son pari, Bernard suggéra :

– **Il a dû leur lire les cours de la Bourse.**

*

Son beau-frère lui avouait :

– J'ai mis au mont-de-piété ma montre et ma chaîne. J'ai juré que je n'y remettrais pas les pieds.
– **De toute façon, on ne les accepterait pas.**

Lors d'une soirée, le restaurateur Alexandre Duval fit son entrée vêtu d'un très élégant costume de l'époque napoléonienne. Lorsqu'il l'aperçut, il le complimenta pour sa tenue et lui demanda à quelle époque elle renvoyait. Flatté, Duval lui précisa :

– C'est une redingote de style Empire.
– **J'aurais dit Restauration.**

Dans un dîner où il était question des têtes couronnées, la maîtresse de maison l'interpella :

– Et vous, que feriez-vous si vous étiez roi ?
– **Je commencerais par me méfier des as.**

Convié à un mariage où il y avait foule, il faisait la queue pour arriver jusqu'à la sacristie où les jeunes mariés recevaient les félicitations des invités. La file n'ayant presque pas avancé en une heure, il fit mine de s'inquiéter :

– **Si ça continue aussi lentement, j'arriverai tout juste pour le baptême.**

Pendant un été à Deauville, il discuta avec un homme bedonnant, affalé sur un divan, qui affirmait :

– Je ne connais pas d'endroit où l'on soit mieux pour dormir.
– **On voit bien que vous ne connaissez pas mon cabinet de travail.**

⁂

Ayant appris qu'il était juif, une dame s'exclama :

– Quelle chance vous avez d'appartenir au peuple élu !
– **Élu… mais en ballottage !**

⁂

Un jour où il se promenait dans Paris en compagnie d'un écrivain très présomptueux, il passa devant la maison où vécut Huysmans. Admirant la plaque qui avait été dressée en l'honneur de l'auteur d'*À rebours*, son confrère songea tout haut :

– Je me demande ce que l'on inscrira au-dessus de ma porte après ma mort…

Bernard murmura :

– **Appartement à louer.**

⁂

Attablés dans un café, deux de ses amis et lui commandèrent des portos. Le liquide qu'on leur servit avait un parfum de quinquina ainsi qu'un goût pharmaceutique extrêmement prononcé. Au moment de payer la note, il glissa à l'oreille du garçon :

– **Vous n'oublierez pas de me rendre l'ordonnance.**

⁂

Pendant un repas très bruyant, le silence se fit brusquement. Un convive prononça alors la phrase de circonstance :

– Un ange passe.

N'ayant pas mangé à sa faim, Bernard demanda :

– **Pourrais-je avoir une aile ?**

⁂

À la recherche d'un secrétaire, il reçut un jeune homme qui lui avait été recommandé par un ami et lui demanda de se nommer. Atteint d'un bégaiement naturel accru par l'émotion, le candidat se présenta :

– Bé… Bé… Bé… Béra… Bérard.
– **Ça vous ennuierait pas que je vous appelle tout simplement Bérard ?**

⁂

Quelqu'un disait devant lui :

– On ne perd jamais rien à être poli.
– **Si : sa place dans l'autobus.**

⁂

À Deauville, alors qu'il se promenait avec un ami, il rencontra une comédienne, veuve d'un industriel richissime, au bras d'un jeune homme couvert de bagues et de bijoux. Présentant son nouveau compagnon, l'actrice leur confia :

– C'est mon printemps.

Lorsqu'ils reprirent leur chemin, Bernard dit à son ami :

– **En tout cas, ce n'est pas son Bon Marché[1].**

⁂

1. Nom d'un grand magasin parisien.

Quelqu'un lui conseillait :

– Il ne faut pas se laver les dents, ça les déchausse.
– **Dans ce cas, il ne faut pas se laver les pieds non plus : ça les déchausse bien davantage.**

⁂

Dans les coulisses d'un théâtre, il fut heurté par un machiniste qui transportait une horloge sur son dos. Ce dernier se confondant en excuses, il lui conseilla :

– **Pourquoi ne pas porter un bracelet-montre comme tout le monde ?**

⁂

Un journaliste l'interrogeait :

– Si un incendie éclatait au musée du Louvre, quel tableau emporteriez-vous ?
– **Le plus proche de la sortie.**

⁂

Un dramaturge dont la dernière pièce était descendue en flammes par la critique se lamentait auprès de lui :

– Je n'aurais pas dû la signer.
– **Oh, on vous aurait certainement reconnu.**

⁂

En raison de ses origines juives, il fut arrêté durant l'Occupation et interné au camp de Drancy. Comme c'était l'hiver, son ami Sacha Guitry proposa de lui faire parvenir des vêtements chauds et lui demanda :

– De quel type de lainage avez-vous besoin ? D'un passe-montagne ? D'un chandail ?
– **D'un cache-nez.**

⁂

Jean BERNARD-DEROSNE

1903-1962

Écrivain et réalisateur

Une dame très indiscrète lui demandait :

– Êtes-vous payé à la ligne ?

– **Oui, mais pour une seule ligne : celle de ma signature.**

*

Sarah BERNHARDT

(Henriette Rosine Bernard)

1844-1923

Comédienne. Sociétaire de la Comédie-Française

George Bernard Shaw n'était pas un de ses admirateurs. Lors d'un dîner, il lui posa cette question d'un ton hautain :

– Cela vous gêne-t-il si je fume ?

– **Cela ne me gênerait même pas que vous brûliez.**

*

Le cardinal de BERNIS

(François Joachim de Pierre)

1715-1794

Homme d'État. Membre de l'Académie française

Lorsqu'il avait 20 ans, il sollicita l'obtention d'un bénéfice auprès du cardinal de Fleury. Âgé de 88 ans, le ministre de Louis XV l'envoya sur les roses :

– Monsieur, tant que je vivrai vous n'aurez point de bénéfice.

– **Eh bien, monseigneur, j'attendrai…**

*

Henry BERNSTEIN

1876-1953

Dramaturge

En 1913, sa pièce intitulée *Le Secret* connut un grand succès. Les journalistes cherchèrent aussitôt à obtenir le titre de sa prochaine création. L'un d'eux lui posa directement la question :

– Voyons, vous pouvez bien me confier quel sera le titre de la comédie que vous monterez après *Le Secret*…

– **Encore un secret.**

*

Armand de BÉTHUNE

1635-1703

Évêque du Puy

Son très long nez lui valut un jour les sarcasmes du duc de Roquelaure. Comme son détracteur en avait, lui, un minuscule, Béthune, lassé de ses incessants quolibets, finit par lui dire :

– **Laissez donc mon nez ! Croyez-vous qu'il ait été fait aux dépens du vôtre ?**

⁂

Marthe BIBESCO

1886-1973

Princesse et femme de lettres roumaine

Sa grande amitié avec Guillaume de Prusse, fils de l'empereur Guillaume II, lui valut le surnom de « Martha Hari » et fut à l'origine d'un mot d'esprit.

Un soir, peu de temps après la fin de la Première Guerre mondiale, elle fit son entrée dans un salon parisien, en compagnie de l'abbé Mugnier. Un invité lança :

– Voilà la princesse et son confesseur.

Un autre convive répliqua :

– **Il ne manque que le peloton d'exécution.**

⁂

Le marquis de BIÈVRE

(François Georges Maréchal)

1747-1789

Écrivain et calembouriste

En 1771, Edme-Louis Billardon de Sauvigny présenta sa dernière pièce : *Le Persifleur.* Celle-ci ne rencontra aucun succès et fut copieusement sifflée lors de la première représentation. Présent dans le public, il nota :

– **Ce père a bien des enfants au parterre.**

⁂

Ayant entendu parler de la facilité avec laquelle il réalisait des jeux de mots, Louis XVI lui demanda de faire un calembour. Bièvre lui proposa :

– Sire, il faut un sujet.
– Eh bien, faites-en un sur moi.
– **Sire, Votre Majesté n'est pas un sujet.**

⁂

En 1785, le ministre des Finances, Calonne, fut victime d'un accident nocturne burlesque : le ciel de son lit tomba violemment sur lui pendant son sommeil. Lorsqu'il apprit la nouvelle, il s'écria :

– **Juste ciel !**

⁂

Par désespoir amoureux, un homme de la cour se donna la mort en se jetant dans un puits. L'événement accapara toutes les discussions. Quelqu'un s'indignait :

– Dans un puits, mais c'est là se conduire comme un fou !
– **Dites plutôt comme un sot.**

⁂

Quand il découvrit le portrait de sa maîtresse, Mlle Desrones, que venait de réaliser un peintre sans talent, il s'exclama :

– **Ce maladroit a fait une croûte de ma mie.**

⁂

Sa maîtresse chassait une corneille lorsque, gênée par des broussailles, elle ne put poursuivre l'oiseau. Cette situation lui inspira ce commentaire :

– **Vous comptiez prendre Corneille, mais vous avez pris Racine.**

⁂

Un jeune poète récitait en public un poème de sa composition en se mouchant constamment. Il intervint :

– **Finissez, nous ne voulons pas vous tirer les vers du nez.**

⁂

En 1787, afin de soumettre le programme de redressement financier proposé par son ministre Calonne, Louis XVI convoqua l'assemblée des notables qui réunissait les plus hauts personnages du royaume. Lorsqu'il apprit qu'allait siéger parmi ceux-ci le premier échevin dont le nom était Gobelet, il déclara :

– **Un seul gobelet pour tant de cruches…**

⁂

Ses innombrables calembours inspirèrent aussi d'autres courtisans.

Au début de l'année 1778, alors que la guerre entre la France et l'Angleterre était sur le point d'éclater, Louis XVI laissa échapper une flatulence en public. Bièvre chuchota :

– Bonne nouvelle ! Des bruits de paix courent à Versailles.

Quelqu'un ajouta :

– **Ils n'ont pas lieu sans fondement.**

⁂

Armand Jérôme BIGNON

1711-1772

Prévôt des marchands. Membre de l'Académie française

Ses négligences lors des festivités du mariage de Louis XVI et Marie-Antoinette, au cours desquelles un mouvement de foule causa la mort de trois cents personnes, lui valurent de vives critiques et inspirèrent un mot d'esprit.

Bignon mourut le 8 mars 1772. Le premier échevin, un certain Cheval de Saint-Hubert, fut désigné pour exercer l'intérim. Sa nomination fut aussitôt accueillie par cette boutade :

– **C'est un cheval qui remplace un âne.**

⁂

André BIRABEAU

1890-1974

Dramaturge

À Deauville, il bavardait avec l'acteur Jean d'Orgeix lorsqu'il vit passer une vieille comédienne qu'il avait bien connue. Quand il demanda à son ami si elle était toujours aussi méchante, celui-ci acquiesça :

– Toujours ! Elle ne rate pas une vacherie.

– **À son âge, vous pouvez même dire qu'elle les rumine.**

*

Francis BLANCHE

1921-1974

Humoriste et acteur

Une salle de spectacle dans laquelle il devait se produire avait malencontreusement oublié de faire figurer son nom sur les affiches. Le directeur l'accueillit en s'excusant d'un air déconfit :

– Ah, monsieur Blanche, si vous saviez comme je suis confondu…

– **Confondu ? Oh, ce n'est rien, c'est juste la chaleur.**

*

Très malade, il fut contacté par un journaliste qui lui demanda :

– Puis-je vous poser une question ?
– **Dans l'état où je suis, vous feriez mieux de me poser des ventouses.**

⁂

Il s'éteignit le 6 juillet 1974, après un coma diabétique. Quelques minutes avant son décès, un infirmier s'enquit de son état :

– Comment vous sentez-vous ?

Il trouva la force de murmurer un ultime mot d'esprit :

– **Mais… avec mon nez !**

⁂

Bernard BLIER

1916-1989

Acteur

Il avait hébergé pendant plusieurs jours dans sa maison de campagne un pique-assiette qui s'était montré d'une totale incorrection durant tout son séjour. Avant de partir, le malotru ne craignit pas de dire à son hôte :

– Vois-tu, je ferais un gros reproche à ta propriété : c'est dommage que les arbres soient si petits.
– **Rassure-toi, je peux te promettre que la prochaine fois que tu reviendras ici, ils auront beaucoup, beaucoup grandi.**

⁂

Antoine BLONDIN

1922-1991

Écrivain

Un soir, au restaurant, il commanda un avocat en hors-d'œuvre. Lorsque le serveur lui demanda ce qu'il comptait prendre ensuite, il répondit :

– **Je ne me mettrai à table qu'en présence de mon avocat.**

*

Attendant avec impatience son nouveau livre, un journaliste lui posa cette question :

– Alors, quand nous pondez-vous quelque chose ?

– **Je ne ponds plus, ça introduit trop de coquilles dans le texte.**

*

Son addiction à l'alcool inspira un mot d'esprit.

Ses obsèques eurent lieu le 10 juin 1991 à l'église de Saint-Germain-des-Prés. Il y avait une telle foule devant l'édifice que le journal *France-Soir* titra le lendemain :

– **Même l'église était bourrée.**

*

Gus BOFA

(Gustave Henri Émile Blanchot)

1883-1968

Dessinateur

Le polémiste Jean Galtier-Boissière lui confiait :

– Je n'écrirais plus une ligne si je gagnais les vingt millions de la Loterie nationale.
– **C'est votre dernier prix ?**

*

Nicolas BOILEAU

1636-1711

Poète et écrivain. Membre de l'Académie française

Le comte de Forbin-Janson, évêque de Beauvais et amateur de calembours, lui dit un jour :

– Quel dommage que vous vous appeliez Boileau. J'aimerais mieux m'appeler Boivin que Boileau.
– **Moi, monseigneur, j'aimerais mieux m'appeler Jeanfarine que Janson[1].**

*

1. Le son est le résidu de céréale que l'on donnait à manger aux ânes.

Le marquis de BOISSY

(Hilaire Étienne Octave Rouillé du Coudray)

1798-1866

Sénateur

Durant une séance au Sénat, il fit un faux pas en descendant de la tribune et manqua de tomber. Le président Étienne-Denis Pasquier tenta de faire de l'esprit en s'exclamant :

– Alors, il faudra qu'on mette ici des garde-fous ?

Pasquier étant connu pour être régulièrement victime de flatulences, Boissy objecta :

– **On ferait mieux d'y mettre des parapets.**

Pierre Claude Victor BOISTE

1765-1824

Lexicographe

En 1800, il fit paraître son *Dictionnaire universel de la langue française*, ouvrage qui connut un franc succès. Un jour, une vieille fille le félicita d'avoir éliminé de son dictionnaire les mots les plus obscènes. Il lui fit observer :

– **Mais, mademoiselle, vous les avez donc cherchés ?**

Anne BOLEYN

1507-1536

Reine consort d'Angleterre

Deuxième femme d'Henri VIII, accusée à tort d'adultère et de trahison, elle fut exécutée le 19 mai 1536. Avant de monter sur l'échafaud, elle écrivit à son mari, responsable de sa condamnation :

– **Vous avez toujours pris soin de mon élévation : de simple demoiselle vous me fîtes marquise, puis reine. Aujourd'hui vous vous apprêtez à m'élever au rang de martyre.**

Napoléon-Jérôme BONAPARTE

1822-1891

Cousin de Napoléon III

Quelqu'un lui parlait de sa sœur, la princesse Mathilde, une salonnière très en vue :

– La princesse a beaucoup de goût.

– **Malheureusement, il est mauvais…**

Pauline BONAPARTE

1780-1825

Sœur de Napoléon

En 1808, elle servit de modèle au sculpteur Antonio Canova pour sa célèbre *Vénus Victrix*. Un courtisan la questionna :

– Cela ne vous a pas dérangée de poser toute nue ?

– **Non, la salle était bien chauffée…**

*

Victor BOUCHER

1877-1942

Comédien

Dans un dîner, on évoquait un poète dont la petite notoriété ne reposait que sur un volume de vers publié plus d'une dizaine d'années plus tôt. Quelqu'un prenait sa défense :

– Il n'a publié qu'un volume, c'est vrai, mais cela ne l'a pas empêché d'arriver là où il est.

– **Eh bien, il n'allait pas loin…**

*

En 1934, dans la pièce de Paul Géraldy, *Do, mi, sol, do !*, il portait une paire de moustaches postiches. Pendant une scène, l'une d'elles se décolla, l'obligeant à planter sa partenaire, Blanche Montel, pour aller la recoller en coulisse. La maquilleuse étant absente, il préféra arracher ses fausses bacchantes et revint sur scène lèvre nue en lançant à sa comparse :

– **Ce n'était rien, chérie, juste un raseur.**

*

Amélie de BOUFFLERS

1751-1794

Duchesse de Biron. Dame de compagnie de Marie-Antoinette

Au cours des premiers mois de la Révolution, les troubles dans les salles de théâtre étaient quasi quotidiens. Lors d'une représentation d'*Iphigénie* à la Comédie-Française, une bagarre éclata entre révolutionnaires et royalistes et des pommes furent jetées dans les loges où se trouvaient les aristocrates. L'une d'elles atteignit le visage de la duchesse. Le lendemain, celle-ci la fit parvenir à La Fayette accompagnée de ce mot :

– **Permettez, monsieur, que je vous offre le premier fruit de la Révolution qui soit venu jusqu'à moi.**

⁂

Françoise Éléonore de BOUFFLERS

1750-1827

Femme de lettres

Devant un groupe d'amis, son mari crut l'indisposer en se vantant :

– Ah ! J'en aurai fait des cocus dans Paris.
– **Tu me bats, moi je n'en ai fait qu'un seul.**

⁂

Marie Charlotte Hippolyte de BOUFFLERS

1725-1800

Salonnière

En 1764, elle perdit son mari dont l'infidélité était proverbiale. Elle se consola par ce mot d'esprit :

– **Je vais enfin savoir où il passe ses nuits.**

Louise Élisabeth de BOURBON

1693-1775

Petite-fille de Louis XIV

Elle était mariée à son cousin, le prince de Conti. Surnommé le « Singe vert », celui-ci était d'une extrême laideur, bossu, affligé de tics et surtout très jaloux. Un jour où il devait partir sans elle dans son château de L'Isle-Adam, il lui dit en plaisantant :

– Madame, ne me faites point cocu pendant que je ne serai pas là.

– **Partez tranquille, je n'ai envie de vous faire cocu que quand je vous vois.**

Louis de BOURBON-CONDÉ

1530-1569

Prince de sang. Chef protestant

Lorsque débutèrent les guerres de Religion, il eut une entrevue à Beaugency avec Catherine de Médicis. Découvrant les casaques blanches des cavaliers protestants, la reine l'interrogea d'un air moqueur :

– Eh ! Pourquoi tous ces meuniers ?
– **Pour charger vos ânes, madame.**

Claude de BOURDEILLE

1606-1663

Favori de Gaston d'Orléans

Madeleine de Guénégaud, épouse du maréchal César d'Albret, était connue pour son goût très prononcé pour la bouteille. S'observant un jour dans un miroir, elle constata que son nez était rouge et s'écria :

– Mais où donc ai-je pris ce nez-là ?
– **Au buffet !**

Michel Philippe BOUVART

1717-1787

Médecin

En 1777, un domestique vint l'avertir que son maître, le cardinal de La Roche-Aymon, premier prélat de France et influent courtisan, était en train de mourir. Le domestique pressa le médecin :

– Monsieur, ne vous faites pas attendre plus longtemps, monseigneur souffre comme un damné.

– **Déjà ?**

Berthe BOVY

1887-1977

Comédienne belge. Sociétaire de la Comédie-Française

L'administrateur de la Comédie-Française lui montra fièrement le bocal qui renfermait le cerveau de Voltaire, propriété de l'institution. Elle se gaussa :

– **Vous n'avez jamais eu l'idée de vous en servir ?**

Pierre BRASSEUR

(Pierre Espinasse)

1905-1972

Acteur

Il avait la folie du jeu. Un jour, son ami Lugné-Poë, s'étonnant qu'il vienne lui redemander de l'argent alors qu'il lui en avait récemment prêté, lui fit remarquer :

– Il y a à peine huit jours, je t'ai remis une somme rondelette.
– **Si rondelette qu'elle est partie à la roulette.**

Aristide BRIAND

1862-1932

Président du Conseil à onze reprises

S'exprimant devant des parlementaires français, le Premier ministre britannique, Lloyd George, déclara :

– Vous autres, Français, vous êtes des vaniteux. Mais prenez garde, entre la vanité et le ridicule, il n'y a qu'un pas.
– **Oui : le pas de Calais.**

Le duc de BRISSAC

(Jean Paul Timoléon de Cossé-Brissac)

1698-1780

Maréchal de France

Descendant du Grand Condé, Charles de Bourbon-Condé rendit un jour visite à sa maîtresse et la trouva dans les bras de Brissac. Il ordonna aussitôt à son rival :

– Sortez !

– **Vos ancêtres auraient dit : « Sortons ! »**

Augustine BROHAN

1824-1893

Comédienne

Elle fut conviée à un dîner mondain où les invités parlèrent d'un médecin qui était un véritable coureur de jupons mais un mauvais praticien. Quelqu'un assurait à son sujet :

– C'est un homme charmant. Si vous saviez comme il prend gaiement la vie…

– **Oui, la vie des autres !**

Elle parut un soir dans les coulisses de la Comédie-Française arborant un très luxueux bracelet que lui avait offert un riche admirateur. Une amie l'ayant interrogée sur l'origine de ce magnifique présent, elle répondit :

– C'est le prix du déshonneur.

L'amie désigna ensuite la belle bague entourant son doigt et lui demanda :

– Et ça ?
– **C'est un accessit.**

⁂

Une femme à la réputation de langue de vipère venait d'épouser un homme tout aussi médisant qu'elle. Après avoir appris que le couple venait de partir en voyage de noces, elle fit ce commentaire :

– **Ils passent leur lune de fiel.**

⁂

Elle eut un jour une violente altercation avec une autre comédienne, beaucoup plus jeune qu'elle. Durant la dispute, elle lança à sa rivale :

– Vous n'êtes qu'une catin !
– Et vous, une vieille sorcière !
– **J'avais donc deviné…**

⁂

Un fat se vantait devant elle :

– Moi, les femmes m'ont toujours réussi.
– **Sauf madame votre mère.**

⁂

Madeleine BROHAN

1833-1900

Comédienne. Sœur de la précédente

En 1853, elle épousa l'homme de lettres Mario Uchard. Une de ses camarades, ancienne maîtresse de l'écrivain, lui envoya alors cette pique :

– Ton futur, c'est mon passé.
– **Oh, croyez que je n'espérais point trouver un homme qui ne vous ait pas connue.**

*

Lors d'une soirée mondaine, elle fut présentée à un bellâtre qui essaya de la rabaisser en lui demandant :

– C'est vous qui avez une sœur ravissante ?
– **Non, ce n'est pas moi, c'est ma sœur.**

*

Un soir, alors qu'elle se laissait aller à quelques confidences devant ses convives, elle interrompit brusquement son récit au moment le plus croustillant. Un invité qui insistait pour connaître la suite des révélations finit par lui dire :

– Il faut que ce soit une bien vilaine chose pour que vous teniez à la cacher.
– **Croyez-vous que je sois mal faite parce que je m'habille ?**

*

Suzanne BROHAN

1807-1887

Comédienne. Mère des deux précédentes

La Comédie-Française employait un chauffeur de salle qui se nommait Vacher. Lorsqu'on découvrit, d'après son acte de naissance, que son nom véritable était Vachier, le comédien Provost demanda :

– Pourquoi diable a-t-il changé son nom ?

– **Il n'aime pas qu'on le tutoie.**

⁂

Un soir où elle se trouvait dans sa loge en galante compagnie, une de ses camarades comédiennes frappa bruyamment à sa porte en criant :

– Ouvre-moi, ouvre-moi !

Comme cette actrice était réputée pour son manque d'intelligence, elle chuchota à l'oreille de son compagnon :

– **Elle me prend pour une écaillère.**

⁂

Thomas BROWN

1662-1704

Écrivain satiriste anglais

Il assista à une représentation de *L'Eunuque* de Térence dans un collège de Londres. Constatant que le directeur en avait fait couper les passages licencieux, il déplora :

– **C'est trop cruel que de châtrer un castrat.**

⁂

Le duc de BUCKINGHAM

(George Villiers)

1628-1687

Conseiller de Charles II d'Angleterre

Homme extrêmement prodigue, il tenta d'emprunter de l'argent à un riche avare nommé Custler. Ce dernier lui suggéra :

– Pourquoi ne vivez-vous pas comme moi ?
– **J'en aurai toujours l'occasion lorsque je n'aurai plus rien.**

⁂

BUFFON

(Georges Louis Leclerc)

1707-1788

Naturaliste

Pendant un dîner où l'on servait de la dinde aux truffes, une invitée lui demanda où poussaient ces champignons. Pour enseigner à sa convive que les truffes poussaient au pied des vieux charmes, il lui répondit :

– **Mais à vos pieds, madame.**

⁂

François BULOZ

1803-1877

Patron de presse. Administrateur de la Comédie-Française

En 1843, on présenta à la Comédie-Française *Les Burgraves* de Victor Hugo. Impatient de savoir si le succès était au rendez-vous, l'auteur, qui se reposait à la campagne, envoya à Buloz une feuille blanche sur laquelle était simplement inscrit :

– ?

La pièce ayant frôlé l'échec, Buloz lui adressa en réponse le message suivant :

– **!**

*

Lord BYRON

(George Gordon Byron)

1788-1824

Poète anglais

Lors de son séjour à Venise, il fut interrogé par le président de l'Institut des beaux-arts, Leopoldo Cicognara, qui voulait savoir pourquoi la romancière irlandaise Lady Morgan avait fait un si mauvais portrait de lui dans son dernier livre. Il répondit :

– **C'est parce que je ne lui ai pas donné assez de séances.**

*

Denise CACHEUX

Née en 1932

Députée

Au cours d'une table ronde du Parti socialiste concernant la loi sur la parité, un intervenant hostile au projet la traita de « mal baisée ». Elle répliqua :

– **La faute à qui, camarade ?**

⁂

CAMI

(Pierre-Henri Cami)

1884-1958

Écrivain et humoriste

Un directeur de théâtre se plaignait devant lui :

– Mon théâtre est envahi par les rats…

– **Pas étonnant, il n'y a pas un chat !**

⁂

Il parlait avec l'un de ses amis d'une jeune comédienne un peu niaise. Son comparse faisait remarquer :

– Elle est bien gentille, mais elle n'a pas inventé la poudre.

– **Quand on voit à quoi ça sert, la poudre, c'est un compliment.**

⁂

Mrs Patrick CAMPBELL

(Beatrice Stella Tanner)

1865-1940

Comédienne britannique

Un raseur la complimentait :

– Comment avez-vous fait pour être si belle ?
– **On a dû me donner votre part…**

⁂

Alfred CAPUS

1857-1922

Journaliste et dramaturge. Membre de l'Académie française

Un écrivain médiocre lui présentait sa nouvelle œuvre :

– Cher ami, voici mon dernier livre.
– **Le dernier ? Parfait, parfait.**

⁂

Le patron de presse Arthur Meyer, à la calvitie légendaire, lui confiait qu'il avait mal au genou. Il murmura :

– **Un peu de migraine, sans doute…**

⁂

Une femme d'une quarantaine d'années refusait de lui donner son âge, ne consentant qu'à lui avouer :

– Sachez seulement que ma sœur et moi avons 65 ans à nous deux.

– **Et ça ne vous fait rien de laisser une enfant si jeune à la maison ?**

*

Quelqu'un parlait d'un député particulièrement habile qui était parvenu à former un ministère à force de concessions et de savants dosages :

– Il y a quarante ans, nous étions au lycée ensemble et il était déjà rudement fort.

– **Il promettait déjà beaucoup.**

*

Alors qu'il visitait Bruxelles, il rencontra une comédienne qu'il avait connue à Paris et la salua chaleureusement. Très prude, son guide belge l'avisa :

– C'est une femme qu'on ne salue pas ici.

– **Certes, mais on se découvrirait bien tout entier devant elle.**

*

Quelqu'un le questionnait au sujet d'un homme du monde un peu douteux, récemment décédé :

– De quoi est-il mort ?

– **On ne sait même pas de quoi il vivait.**

*

En 1914, il devint rédacteur en chef du *Figaro*. Un jour, une dactylo hautaine critiqua devant lui le milieu de la presse :

– Pour moi, il y a longtemps que j'ai l'habitude de ne croire que la moitié de ce que je vois imprimé.
– **Surtout imprimé dans le dictionnaire, si j'en juge par votre orthographe.**

Une jeune femme qui lui avait fait parvenir trois nouvelles sans grande valeur vint à son bureau. Voulant faire de l'esprit, elle se présenta ainsi :

– Monsieur, je viens prendre des nouvelles de mes nouvelles.

Il lui rendit son manuscrit en répondant simplement :

– **Mauvaises nouvelles, mademoiselle.**

Martine CAROL

1920-1967

Actrice

Un importun lui posait cette question :

– Épouseriez-vous un imbécile pour son argent ?
– **C'est une proposition ferme ?**

CAROLUS-DURAN

(Charles Émile Auguste Durand)

1837-1917

Peintre

Portraitiste des plus académiques, il s'arrêta un jour devant une toile de Matisse représentant des pommes aux formes et aux couleurs étonnantes. Il s'exclama alors :

– **C'est une nature ivre morte.**

⁂

Giacomo CASANOVA

1725-1798

Écrivain et aventurier vénitien

À Vienne, il fut présenté à Joseph II. Ce dernier se plaignit devant lui d'un riche Vénitien, fraîchement anobli :

– Je n'estime pas les gens qui achètent la noblesse.

– **Et ceux qui la vendent, sire ?**

⁂

Paul de CASSAGNAC

(Paul Granier de Cassagnac)

1842-1904

Député

À l'Assemblée, il invectiva un député barbu et hirsute en le traitant de « porc-épic ». Comme l'hémicycle protestait, le président intervint :

– Retirez le mot !

– **Soit, je retire « épic ».**

Boni de CASTELLANE

(Marie Ernest Paul Boniface de Castellane)

1867-1932

Écrivain et dandy

Dans la rue, il rencontra par hasard un raseur qu'il connaissait. Celui-ci lui demanda poliment :

– Comment allez-vous ?

N'ayant nulle envie de bavarder avec lui, il lui répondit sans s'arrêter :

– **Très vite !**

Charles de CHAMBRUN

1875-1952

Diplomate. Membre de l'Académie française

Dans un dîner mondain, son épouse, la femme de lettres Marie de Rohan-Chabot, lâcha une flatulence que tout le monde entendit. Il la sermonna aussitôt :

– **Vous parlez encore pour ne rien dire…**

*

CHAMFORT

(Sébastien Roch Nicolas de Chamfort)

1741-1794

Poète et écrivain. Membre de l'Académie française

Rencontrant un médecin qui partait visiter un malade dans le village voisin et s'était muni d'un fusil pour chasser en chemin, il lui lança :

– **Avez-vous peur de manquer vos malades ?**

*

L'historien Claude-Carloman de Rulhière claironnait devant d'autres écrivains :

– Sur mon honneur, j'ai beau fouiller dans ma conscience, je n'y trouve dans toute ma vie qu'une seule méchanceté.

– **Quand finira-t-elle ?**

*

Le chevalier de CHAMPCENETZ

(Louis René Quentin

de Richebourg)

1760-1794

Journaliste

Apprenant qu'un député, partisan de la Terreur, venait d'être envoyé en mission dans les Pyrénées, il fit ce commentaire :

– **Il va bâtir des cachots en Espagne.**

À l'époque où il était officier aux gardes, Champcenetz se fit clouer le bec par un ecclésiastique.

Un jour où il galopait sur son cheval à travers la campagne, il rencontra en chemin un abbé qui trottait lentement sur un âne. Champcenetz le salua :

– Comment va l'âne, monsieur l'abbé ?

– **À cheval, monsieur l'officier, à cheval.**

Mademoiselle de CHAMPMESLÉ

(Marie Desmares)

1642-1698

Comédienne

Ses liaisons ont donné naissance à un mot d'esprit.

Ancienne maîtresse de Racine, elle tomba en 1677 dans les bras d'un aventurier, le comte de Clermont-Tonnerre. Cette boutade circula alors dans le petit monde du théâtre :

– **Le tonnerre a déraciné Champmeslé.**

⁂

Jean Antoine CHAPTAL

1756-1832

Chimiste et médecin

Durant son passage au ministère de l'Intérieur, il inspira un mot d'esprit.

Chargé par Bonaparte d'envoyer des cadeaux aux artistes de l'Opéra qui avaient participé à une fête organisée par le régime, Chaptal ne trouva rien de mieux à leur offrir que des livres joliment reliés. Lorsque le personnel de l'Opéra fut à nouveau convié à des festivités officielles, un des danseurs, peu friand de littérature, demanda ironiquement au ministre :

– **Payera-t-on cette fois en livres ou en francs ?**

⁂

CHARLES II

1630-1685

Roi d'Angleterre de 1660 à 1685

Un jour, alors qu'il se promenait sans escorte dans Londres, son frère puîné, le duc d'York, lui reprocha son imprudence et l'avisa qu'il risquait de se faire assassiner. Il répliqua :

– **Rassure-toi, personne dans toute l'Angleterre ne souhaite me faire disparaître car chacun sait que ce serait alors toi mon successeur.**

CHARLES QUINT

1500-1558

Roi d'Espagne de 1516 à 1556 et empereur germanique de 1519 à 1556

Une partie de brelan, un jeu de hasard ancêtre du poker, fut l'occasion pour un gentilhomme de montrer à Charles Quint toute l'étendue de son esprit.

Ayant tiré trois rois, le monarque paria sur la tête de l'impératrice qu'il remporterait la partie. Or, avec ses quatre dames, son adversaire avait un meilleur jeu. Le gentilhomme tenta de dissimuler sa victoire, mais face à l'insistance de l'empereur il fut contraint de dévoiler ses cartes. Il annonça alors :

– **Sire, j'ai un carré de dames, mais le jeu de Sa Majesté est supérieur au mien puisqu'elle a trois rois et qu'avec elle cela en fait quatre.**

Ilka CHASE

1905-1978

Actrice américaine

On lui annonçait qu'une comédienne célèbre allait fêter ses 50 ans de carrière. Elle nota :

– **J'ignorais qu'elle avait commencé si tard.**

⁂

CHAVAL (Yvan Le Louarn)

1915-1968

Dessinateur

En 1965, il réalisa un court-métrage intitulé *Les oiseaux sont des cons*, qui fut primé par un jury présidé par l'un des patrons de l'ORTF, Claude Contamine. Quand ce dernier annonça les résultats, n'osant pas prononcer le mot « con », il se contenta de dire :

– Le premier prix est attribué au film *Les oiseaux sont des… oiseaux* !

Lorsque Chaval prit la parole, il commença son discours en déclarant :

– **Je tenais d'abord à remercier publiquement le jury et notamment son président, « monsieur Oiseautamine ».**

⁂

G. K. CHESTERTON

(Gilbert Keith Chesterton)

1874-1936

Écrivain britannique

Lors d'un cocktail mondain, il retrouva son rival George Bernard Shaw. D'une extrême maigreur, ce dernier lui lança :

– Si j'étais aussi gros et gras que vous, je me pendrais.
– **Cher ami, s'il me venait l'idée de me pendre, je vous choisirais pour corde.**

Jacques CHIRAC

1932-2019

Président de la République de 1995 à 2007

Alors qu'il était maire de Paris, il fut interpellé pendant un bain de foule par un quidam qui hurla :

– Connard !
– **Enchanté, moi c'est Jacques Chirac.**

Son élection à la présidence de la République suscita également un mot d'esprit.

Lors de la campagne présidentielle de 1995, il représenta un pommier sur son livre-programme et se qualifia de « mangeur de pommes », faisant de ce fruit l'emblème de sa candidature. Lorsqu'une fois élu il fut confronté aux premières difficultés de son mandat, le journal *L'Événement du jeudi* titra :

– **Après la pomme, les pépins.**

⁂

Étienne François de CHOISEUL

1719-1785

Ministre de Louis XV

La rumeur prétendait que la favorite de Louis XV, Mme du Barry, était la fille cachée d'un moine franciscain. Lors d'une discussion sur les ordres religieux avec Choiseul, celle-ci soutint mordicus que les moines n'avaient aucune utilité et ne savaient rien faire. Il lui rétorqua :

– **Vous conviendrez au moins, madame, qu'ils savent faire de beaux enfants.**

⁂

Accaparé par la lecture, il délaissait souvent sa femme. Celle-ci tenta de le lui faire comprendre en lui révélant un jour :

– Je voudrais être un livre, ce serait ma seule chance d'être feuilletée par vous tous les soirs.
– **Je vous préférerais en almanach, ma chère, car je pourrais en changer tous les ans.**

⁂

Jean CHOUX

1887-1946

Cinéaste suisse

Son nom inspira un mot d'esprit à un critique.

En 1943, un an après avoir obtenu un immense succès avec *La Femme perdue*, il réalisa *Port d'attache*. Le film déçut beaucoup les critiques, dont l'un écrivit même :

– **Ce Choux ne fait plus que des navets.**

⁂

CHRISTINE DE SUÈDE

1626-1689

Reine de Suède de 1632 à 1654

Après son abdication, elle se rendit à Innsbruck où elle abjura officiellement la religion luthérienne pour le catholicisme. Juste après la cérémonie solennelle, elle assista à une pièce de théâtre. Elle confia alors à ses proches :

– **Après la farce, la comédie.**

⁂

Winston CHURCHILL

1874-1965

Premier ministre du Royaume-Uni
de 1940 à 1945 et de 1951 à 1955

En 1900, il fut pour la première fois élu au Parlement britannique et rejoignit le Parti conservateur. Pour marquer le coup, il porta la moustache. Lors d'une réunion publique, il fut violemment pris à partie par une jeune femme qui lui lança :

– Je ne me soucie ni de votre politique ni de votre moustache.
– **Madame, vous n'êtes susceptible de vous frotter ni à l'une ni à l'autre.**

*

En 1914, George Bernard Shaw lui fit parvenir deux invitations pour la première de sa nouvelle pièce, *Pygmalion*. Le dramaturge précisa sur le carton :

– Venez avec un ami, si vous en avez encore un.

Il ne manqua pas de lui répondre en retour :

– **Impossible de venir à la première mais je viendrai à la seconde, s'il y en a encore une.**

*

À la Chambre des communes, un élu travailliste qui était en train de prononcer un discours l'apostropha :

– Monsieur Churchill serait-il en train de dormir pendant que je parle ?
– **Si seulement…**

*

Lors d'une réception au Canada, il partagea sa table avec un pasteur méthodiste extrêmement puritain lorsqu'une jeune et avenante serveuse arriva vers eux pour leur proposer du sherry. Churchill en accepta volontiers, mais le pasteur refusa catégoriquement, protestant d'un air offusqué :

– Jeune fille, je préférerais commettre l'adultère plutôt que de boire de l'alcool.

La serveuse n'insista pas et quitta les deux hommes, mais Churchill s'empressa de la rappeler et s'exclama en feignant la surprise :

– **Mademoiselle, revenez, je ne savais pas qu'on avait le choix.**

*

Quelqu'un qui sollicitait un emploi pour son neveu lui annonçait :

– Monsieur le Premier ministre, vous ai-je déjà parlé de mon neveu ?
– **Non, jamais, et je vous en suis très reconnaissant.**

*

Il détestait le travailliste Clement Attlee. Un de ses amis prit sa défense :

– Tout de même, Attlee a au moins un mérite : il est modeste.
– **C'est vrai, et il a d'ailleurs toutes les raisons de l'être.**

*

En juillet 1945, il dut céder son fauteuil de Premier ministre à Attlee. Un jour, alors qu'il pénétrait dans les toilettes de la Chambre des communes, il aperçut son rival debout devant un urinoir et alla immédiatement se poster à l'autre bout de la pièce pour uriner. Interloqué, Attlee s'exclama :

– Eh bien Winston, on est bien distant aujourd'hui…

– **Je n'ai pas le choix : chaque fois que tu vois quelque chose de gros, tu veux le nationaliser.**

*

Alors qu'il séjournait dans une luxueuse suite d'hôtel, il entra par mégarde dans la salle de bains au moment où sa femme était nue dans sa baignoire. Surprise, celle-ci s'écria :

– Mon Dieu !

– **Ma chérie, lorsque personne ne nous entend, appelez-moi simplement Winston.**

*

À l'occasion d'un voyage aux États-Unis, il assista à l'inauguration d'un buste en son honneur. Après la cérémonie, une séduisante jeune femme l'approcha et lui confia, pleine d'enthousiasme :

– Monsieur Churchill, je me suis levée à l'aube et j'ai parcouru plus d'une centaine de miles en voiture pour voir dévoiler votre buste.

Contemplant son opulente poitrine, il lui répondit :

– **Madame, sachez que je serai heureux d'en faire autant pour le vôtre.**

*

Un vaniteux claironnait devant lui :

– Moi, je descends d'une longue lignée de cerveaux d'élite.
– **Et pourquoi vous a-t-on déshérité, jeune homme ?**

⁂

En sortant de la buvette du Parlement, il heurta malencontreusement la députée travailliste Bessie Braddock. Saoul, il lança à celle-ci :

– Vous êtes laide !
– Et vous, vous êtes ivre !
– **Oui, mais moi, demain, cela ne se verra plus…**

⁂

Un jeune homme chargé de le photographier à l'occasion de ses 80 ans lui confiait innocemment :

– J'espère que je pourrai prendre la photo de votre centenaire.
– **Pourquoi pas, vous m'avez l'air d'avoir une bonne constitution.**

⁂

On cita devant lui l'adage anglais :

– Une pomme par jour éloigne le médecin.
– **Oui, mais à condition de bien viser.**

⁂

Le 30 novembre 1959, il fut convié à la Chambre des communes pour célébrer son 85e anniversaire. Tandis qu'il discutait avec des amis, un groupe de jeunes freluquets le regardait du coin de l'œil en susurrant :

– Il paraît que le vieux devient carrément gaga.

Sans se retourner, il répondit à voix haute :

– **Et il paraît même qu'il devient sourd.**

CICÉRON

106 av. J.-C.-43 av. J.-C.

Consul romain

Lui reprochant de ne pas appartenir à la noblesse romaine, son rival, l'aristocrate Metellus, lui lança :

– Après tout, qui était ton père ?

Comme la mère de Metellus avait autrefois défrayé la chronique par ses nombreuses infidélités, il riposta :

– **Il m'est encore plus difficile de dire qui était le tien.**

Mademoiselle CLAIRON

(Claire Josèphe Hippolyte Léris de la Tude)

1723-1803

Comédienne. Sociétaire de la Comédie-Française

Son refus de jouer en 1765 la pièce Le Siège de Calais *avec l'acteur Dubois, compromis dans un scandale, fut à l'origine d'un mot d'esprit.*

Faisant face à un groupe d'officiers qui l'imploraient de monter sur scène, elle demeurait inflexible, arguant :

– Je pense, messieurs, que si l'on voulait vous obliger à combattre avec quelqu'un de votre corps qui eût à rougir d'une bassesse, vous refuseriez aussi.

Un officier la reprit :

– **Oui, mademoiselle, mais pas un jour de siège.**

Paul CLAUDEL

1868-1955

Dramaturge et diplomate. Membre de l'Académie française

On lui demandait où se trouvait un de ses collègues de l'ambassade de France, dont l'incompétence était notoire. Il indiqua :

– **Il a été envoyé en omission diplomatique.**

Georges CLEMENCEAU

1841-1929

Président du Conseil de 1906 à 1909 et de 1917 à 1920

Le 16 février 1899, le président de la République, Félix Faure, dont le goût du faste lui avait valu le surnom de « Président-Soleil », succombait à une crise cardiaque à l'Élysée. Sa mort ayant été consécutive à des ébats amoureux avec une demi-mondaine, l'événement inspira ce commentaire à Clemenceau :

– **Il se voulait César, il n'aura été que Pompée.**

*

Tandis qu'il prononçait un discours à la tribune de l'Assemblée, il ne cessa d'être interrompu par un député mécontent. Il lui ordonna de se taire, mais l'autre protesta :

– Mais j'ai bien le droit !

– **Vous avez le droit de tout faire, monsieur : excepté mon discours.**

*

À l'occasion d'une visite inopinée au ministère de l'Intérieur, il constata que les trois premiers bureaux dans lesquels il venait de pénétrer étaient vides. Quand il ouvrit la porte du quatrième, il y trouva un homme complètement endormi. Comme son adjoint s'apprêtait à le réveiller, il l'en empêcha immédiatement, arguant :

– **Ne le réveillez surtout pas, il s'en irait.**

*

Un préfet qu'il venait de révoquer se rendit au ministère de l'Intérieur pour obtenir des explications :

– Que me reprochez-vous ? D'être une fripouille ou un imbécile ?
– **Je vous reproche de cumuler.**

*

Au Palais-Bourbon, un député qui devait intervenir à la tribune arriva en retard dans l'hémicycle et s'en excusa :

– Je vous présente mes excuses, j'ai dû passer chez le garde des Sceaux.

Comme le député était loin d'être une lumière, Clemenceau répliqua :

– **Et il a voulu vous garder !**

*

Rendant visite à l'un de ses collègues députés, il fut accueilli par son assistant qui lui indiqua que son ami ne pouvait pas le recevoir car il était occupé à rédiger un discours. Faisant fi de ces instructions, il pénétra dans le bureau du député et le trouva endormi sur sa chaise, en train de ronfler bruyamment. Il se tourna alors vers l'assistant déconfit et lui dit d'un air goguenard :

– **Je constate qu'il vient tout juste de se relire...**

*

Au Sénat, un parlementaire sans talent prononçait un interminable discours. Clemenceau tenta de l'abréger en conseillant à son collègue :

– Reposez-vous !
– Je vous remercie mais je ne suis pas fatigué.
– **Alors reposez-nous !**

⁂

Il n'appréciait guère Marcelin Berthelot, scientifique mais aussi député, sénateur, ministre de l'Instruction publique et ministre des Affaires étrangères. À sa mort en 1907, il proposa l'épitaphe suivante :

– **Ci-gît Marcelin Berthelot. C'est la seule place qu'il n'ait jamais sollicitée.**

⁂

À l'Assemblée, un député l'apostrophait :

– Eh vous, bourgeois cossu !
– **Merci pour la cédille !**

⁂

Dans une circonscription du centre de la France, un député venait d'être réélu avec une majorité écrasante. Comme on disait qu'il devait une grande partie de son succès aux charmes de sa femme, Clemenceau prédit :

– **Il sera toujours réélu haut la jambe.**

⁂

Un vieux parlementaire monta un jour à la tribune du Sénat et prononça d'une toute petite voix un discours à peine audible. Assistant à cette scène, Clemenceau se pencha vers son voisin et lui souffla :

– **Ce n'est pas un discours, c'est une confidence.**

⁂

Le sénateur de l'Aude, Armand Gauthier, le présenta au maire de Carcassonne, Jules Sauzède. Peu brillant, ce dernier livra ses réflexions politiques en énonçant une affligeante série de lieux communs. Dès qu'il eut disparu, Gauthier, très gêné, lui confia :

– Évidemment, ce n'est pas un aigle.
– **Comme vous y allez, ce n'est même pas un faucon.**

⁂

En 1909, un député socialiste vint dénoncer à la tribune son pouvoir autoritaire à la présidence du Conseil, déclarant notamment :

– Je ne veux pas attendre pour démasquer monsieur Clemenceau. Il est candidat au césarisme. Il s'apprête à monter au Capitole.
– **Même si c'est vrai, mon cher collègue, vous avertissez trop tôt**[1]**.**

⁂

Lors d'un dîner chez le préfet de l'Hérault, il se trouva assis entre le cardinal de Cabrières et la femme du préfet qui arborait une robe rouge, très décolletée. L'occasion pour lui de faire ce commentaire :

– **Je suis assis entre deux belles robes rouges : l'une couvre un saint, l'autre en découvre deux.**

⁂

1. Allusion au fameux épisode des oies du Capitole.

Candidat à la présidence de la République en 1913, Antonin Dubost lui reprochait de ne pas se rallier à sa candidature :

– Vous ne me soutenez pas. Vous dites à tout le monde que je suis un imbécile. Je ne suis pourtant pas plus bête qu'un autre.
– **Quel autre ?**

⁂

En 1915, le général Sarrail, âgé de 60 ans et qui venait d'épouser une jeune femme de près de quarante ans sa cadette, fut nommé commandant du corps expéditionnaire d'Orient. Cette nomination fut accueillie par ce commentaire de Clemenceau :

– **Il aura désormais deux fronts à défendre.**

⁂

En mars 1917, Alexandre Ribot fut nommé à 75 ans à la présidence du Conseil. Son bref passage au gouvernement coïncida avec la désastreuse offensive Nivelle et les mutineries qui suivirent. Un jour où il passait lentement devant un groupe de parlementaires, un sénateur constata :

– Il est bien voûté…

Ribot n'étant pas réputé pour sa loyauté, Clemenceau rectifia :

– **Oui, mais ce n'est pas un abri sûr.**

⁂

Durant la guerre, quelqu'un vint le trouver pour lui demander la grâce d'un soldat qui n'était, selon ses propres mots, « qu'à demi coupable ». Il trancha, impassible :

– **Eh bien, six balles suffiront.**

Au printemps 1918, alors que les Allemands se rapprochaient dangereusement de Paris, un parlementaire inquiet, du nom d'Olivier Deguise, s'enquit auprès de Clemenceau :

– Si par malheur le gouvernement est obligé de quitter Paris, où comptez-vous aller ?
– **À Blois, monsieur Deguise[1] !**

Lors d'une réunion politique, il se trouva assailli par une foule de parlementaires désirant lui serrer la main. Particulièrement insistant, l'un d'eux le tira par la manche et lui demanda tout sourire s'il se souvenait de lui. Il lui répondit :

– Rappelez-moi votre nom.
– Convert.
– **Excusez-moi, cher ami, c'est la couleur qui ne me revenait pas.**

1. C'est au château de Blois que le duc de Guise fut exécuté sur ordre d'Henri III en 1588.

Son frère, Albert, était avocat. Il soupirait un jour :

– Je m'ennuie, je m'ennuie… Même lorsque je travaille mes plaidoiries.
– **Tu t'écoutes trop.**

⁂

Durant la nuit du 23 au 24 mai 1920, le président de la République, Paul Deschanel, souffrant de surmenage, tomba du train présidentiel à destination de Montbrison, vêtu de son seul pyjama. L'annonce de cette nouvelle ahurissante lui inspira ce commentaire :

– **Il a enfin trouvé sa voie.**

⁂

Quelqu'un prétendait :

– Les femmes vivent plus longtemps que les hommes.
– **Surtout les veuves…**

⁂

Un soir, alors que le bruit courait à Paris de sa mort imminente, l'ancien garde des Sceaux, René Renoult, qu'il avait en aversion, se présenta à son domicile. Lorsqu'on lui annonça sa visite, il soupira :

– **Déjà les vers…**

⁂

À deux occasions, Clemenceau dut s'incliner devant quelqu'un de plus spirituel que lui.

Après avoir écouté le discours d'un jeune député prometteur, il s'empressa d'aller le féliciter et lui dit :

– Beau début de carrière, jeune homme. Venez sur mon cœur.

– **J'en serais flatté, monsieur le président, mais j'ai horreur du vide.**

*

Pour remercier le prêtre, propriétaire du jardin attenant à son cabinet de travail, d'avoir élagué l'arbre qui assombrissait son bureau, il lui envoya un mot commençant ainsi :

– Je puis bien vous appeler mon père puisque vous m'avez donné le jour.

En retour, le prêtre lui adressa une lettre qui débutait par :

– **Je puis bien vous appeler mon fils puisque, grâce à moi, vous avez entrevu le ciel.**

*

Auguste CLÉSINGER

1814-1883

Sculpteur

Un soir, il eut une violente dispute avec sa belle-mère, l'écrivaine George Sand. Celle-ci le menaça :

– Je ferai connaître votre conduite !

– **Et moi, je sculpterai votre cul : tout le monde le reconnaîtra.**

*

Hillary CLINTON

Née en 1947

Femme politique américaine

Son mari, Bill Clinton, lui rappelait qu'avant de le connaître elle avait vécu une idylle avec un jeune pompiste :

– Tu imagines ce que tu serais devenue aujourd'hui si c'est lui que tu avais épousé ?

– **Si je l'avais épousé, ce n'est pas toi qui serais devenu président, mais lui.**

Henri-Georges CLOUZOT

1907-1977

Réalisateur et scénariste

Une petite starlette prétentieuse vint se plaindre auprès de lui :

– Votre assistant m'a traitée de petite grue !

– **Mets des talents hauts.**

Jean COCTEAU

1889-1963

Écrivain. Membre de l'Académie française

En 1928, André Maurois fit paraître *Climats*. Lors d'une réunion d'écrivains, on interrogea Cocteau :

– Que pensez-vous de *Climats* ?
– **Cela ne me fait ni chaud ni froid.**

⁂

François Mauriac redoutait que ses œuvres ne soient mises à l'Index par le Vatican. Afin d'y échapper, il fit paraître en 1929 *Dieu et Mammon*, ouvrage dans lequel il exprimait sa conversion au catholicisme. Cocteau accueillit ce livre par ce commentaire :

– **Mauriac a été amputé de l'Index.**

⁂

Il croisa un jour un poète aussi prétentieux que dépourvu de talent, mais qui parvint à lui arracher un rendez-vous pour le lendemain. Enthousiaste, le jeune homme lui dit :

– Nous pourrons échanger quelques idées.
– **Quelle chance ! Vous allez faire là une excellente affaire.**

⁂

Le 27 novembre 1943 fut présenté à la Comédie-Française *Le Soulier de satin* de Paul Claudel. Bien que réduite de onze à cinq heures, la pièce parut interminable aux spectateurs, faisant dire à Cocteau à l'issue du spectacle :

– **Heureusement qu'il n'y avait pas la paire.**

⁂

Il ne dissimulait pas son homosexualité. Un journaliste lui posa cette question :

– Quel est votre vice ?
– **Versa !**

⁂

En 1947, il acheta une demeure à Milly-la-Forêt. Une fois qu'il s'y installa, son ami, l'écrivain André Fraigneau, lui demanda :

– Si votre maison brûlait, qu'emporteriez-vous ?
– **Le feu !**

⁂

Après l'échec de sa dernière sonate, le compositeur Henri Sauguet s'enferma chez lui afin de tenter d'oublier cette désillusion. Comme Cocteau avait décidé de lui rendre visite pour lui remonter le moral, on lui recommanda de ne pas prononcer le mot « sonate ». Lorsqu'il sonna au domicile du musicien, celui-ci était tellement déprimé qu'il refusa d'ouvrir, avant de céder devant l'obstination de son visiteur. Quand Cocteau put enfin entrer, il dit tout sourire à son hôte :

– **Eh bien, vous avez mis du temps, votre sonate ne marche donc pas ?**

⁂

Durant un dîner officiel où il avait revêtu son habit d'académicien, avec son épée et son bicorne, il fut placé à côté d'un général américain. Ce dernier examina avec curiosité cet uniforme qui lui était inconnu. Désirant connaître son unité, le général lui demanda avec une concision bien militaire :

– Blindés ?
– **Non : génie !**

*

En 1951, Salvador Dali peignit son célèbre *Christ de saint Jean de la Croix*. Comme il avait fixé le prix de sa toile à quinze millions de francs, Cocteau nota :

– **Judas s'était contenté de trente deniers.**

*

Aimée de COIGNY

(Anne Françoise Aimée de Franquetot de Coigny)

1769-1820

Salonnière

Lors d'une réception, Napoléon lui posa cette question devant tous les convives :

– Aimez-vous toujours les hommes ?
– **Oui, sire, quand ils sont polis.**

*

COLETTE

(Sidonie Gabrielle Colette)

1873-1954

Écrivaine

En 1935 mourait son second époux, Henry de Jouvenel, avec lequel elle avait divorcé deux ans plus tôt. Quand on lui apprit qu'il était décédé d'un arrêt du cœur, elle soupira :

– **Il en avait donc un ?**

⁂

Louis Henri Gabriel de CONFLANS

1735-1789

Militaire

Lors d'un dîner chez la duchesse de Luynes, il se gaussa du cardinal de Luynes parce que celui-ci avait un serviteur chargé de porter la queue de sa robe. Très fier de son rang, le prélat affirma avoir toujours observé ce cérémonial, ajoutant que son précédent porte-queue appartenait à la famille Conflans. Le militaire crucifia alors Luynes par cette réplique qui se propagea dans tout le royaume :

– **Il y a longtemps, en effet, qu'il se trouve dans ma famille de pauvres hères contraints de tirer le diable par la queue.**

⁂

Louise CONTAT

1760-1813

Comédienne. Sociétaire de la Comédie-Française

Lorsque le comte de Narbonne, ministre de la Guerre de Louis XVI, mit fin à sa liaison avec elle pour rejoindre la boutonneuse Mme de Staël, elle lança :

– **À la rose, monsieur de Narbonne préfère maintenant les boutons.**

*

Calvin COOLIDGE

1872-1933

Président des États-Unis de 1923 à 1929

Brocardé pour son laconisme, il fut abordé pendant une soirée officielle par une dame qui lui avoua en pouffant :

– Monsieur le président, je viens juste de parier que j'arriverais à vous faire dire au moins deux mots.

Il la contempla puis, après quelques instants de réflexion, déclara simplement :

– **Perdu !**

*

Bruno COQUATRIX

1910-1979

Directeur de l'Olympia

Alors qu'il était en train de composer le prochain programme de l'Olympia, il dut essuyer les protestations d'un comique qui refusait de passer juste après le numéro d'un orang-outang. Il acquiesça :

– **Vous avez raison, le public pourrait croire qu'il s'agit d'un bis.**

⁂

COQUELIN cadet

(Alexandre Honoré Ernest Coquelin)

1848-1909

Comédien. Sociétaire de la Comédie-Française

Au cours d'une tournée à Berlin, il rencontra Guillaume II devant la porte d'un des salons du palais. Chacun fit des manières pour laisser à l'autre l'honneur de passer le premier. Coquelin insistait :

– Après vous, sire.

– Passez, vous êtes le premier comédien de ce temps.

– **Non, après vous, sire.**

⁂

Jacques Joseph CORBIÈRE

1766-1853

Député et ministre

En 1820, il fut appelé au gouvernement par Louis XVIII. Lors de sa première arrivée aux Tuileries, il se mit à son aise et déposa sur le bureau du souverain son mouchoir, sa tabatière et ses lunettes. Étonné, le roi lui fit remarquer :

– Il me semble, monsieur de Corbière, que vous videz vos poches.
– **Votre Majesté aimerait-elle mieux que je les remplisse ?**

⁂

Madame de CORNUEL

(Anne Marie Bigot de Cornuel)

1605-1694

Salonnière

Alors qu'elle était très âgée, elle reçut la visite d'une certaine Mme de Saint-Loup. Après une brillante conversation, la visiteuse lui fit cet aveu :

– Madame, on m'avait bien trompée en me disant que vous aviez perdu la tête.
– **On ne doit pas faire crédit aux rumeurs : on m'avait dit à moi que vous aviez retrouvé la vôtre.**

⁂

Georges COURTELINE

(Georges Moinaux)

1858-1929

Dramaturge

Dans un salon, un jeune intellectuel dissertait pompeusement sur l'intelligence et prétendait que, passé 30 ans, tous les hommes devenaient idiots. Amusé, Courteline lui demanda son âge. Son interlocuteur lui répondant qu'il avait 26 ans, il conclut alors :

– **Vous promettez !**

⁂

Charles-Henry Hirsch tentait de le convaincre de se présenter à l'Académie française :

– Examinez l'un après l'autre ces messieurs : ils vous sont tous inférieurs.

– **Mais alors pourquoi voulez-vous que j'aille m'asseoir avec eux ?**

⁂

En 1925, il fut atteint par la gangrène et dut être amputé de la jambe droite. L'année suivante, il reçut un prix de l'Académie française et fut élu à l'académie Goncourt. Il accueillit ces gratifications par ce commentaire :

– **Cela me fait une belle jambe !**

⁂

Noël COWARD

1899-1973

Dramaturge britannique

On lui apprenait qu'un acteur, qui ne brillait pas par son intelligence, venait de se suicider en se tirant une balle dans la tête. Quelqu'un commenta :

– Il lui a fallu être sacrément désespéré pour se faire sauter la cervelle.

– **Je dirai surtout qu'il lui a fallu être sacrément précis.**

*

Alors qu'il déambulait dans une rue avec un de ses amis, il aperçut une dame assise sur un banc à côté d'une adolescente à qui elle apprenait le français. La dame posa la question suivante :

– Si je dis « je suis belle », c'est à quel temps ?

Coward glissa à l'oreille de son ami :

– **Hélas, au passé…**

*

En 1962, Ian Fleming lui proposa d'interpréter le docteur No dans *James Bond 007 contre Dr No*. Il envoya cette réponse par télégramme :

– **Dr No ? No ! No ! No !**

*

CRÉBILLON fils

(Claude Prosper Jolyot de Crébillon)

1707-1777

Écrivain

Un jour qu'on demandait à son père, l'académicien Crébillon, quel était le meilleur de ses ouvrages, celui-ci désigna son fils en décrétant :

– En tout cas, voici le plus mauvais.

Comme la rumeur prétendait que Crébillon père n'était pas l'auteur de ses tragédies dont on attribuait la paternité à un moine de l'ordre des Chartreux, il riposta :

– **C'est parce que celui-ci ne doit rien aux Chartreux.**

Charles Marie de CRÉQUY

1737-1801

Militaire et écrivain

Issu de la petite noblesse, Rivarol laissa un jour échapper :

– Nous autres gentilshommes…

Devant la moue de Créquy, lequel appartenait à une illustre famille, il ajouta :

– Que trouvez-vous donc de singulier dans ce mot ?
– **C'est votre pluriel que je trouve singulier.**

Francis de CROISSET

(Franz Wiener)

1877-1937

Dramaturge

Un de ses confrères tentait de lui recommander un comédien qui peinait à retrouver son succès d'antan :

– C'est un acteur achevé.

– **Vous voulez dire un acteur fini.**

⁂

CURNONSKY

(Maurice Edmond Sailland)

1872-1956

Critique culinaire

Il complimentait avec emphase une maîtresse de maison pour le somptueux homard à l'armoricaine qu'elle avait concocté. Doutant de la sincérité de ses louanges, celle-ci objecta :

– Oh, vous dites cela pour me faire plaisir.

– **Mais pas du tout. Vous ai-je félicitée pour le consommé ?**

⁂

Au restaurant où il avait l'habitude de déjeuner, il fit remarquer à la serveuse que le pain qui lui avait été servi était dur comme du bois. Elle rétorqua :

– Si les grognards de Napoléon l'avaient eu pendant la retraite de Russie, ils auraient été contents.
– **Sûrement, parce qu'à ce moment il était peut-être encore frais...**

John Philpot CURRAN

1750-1817

Homme d'État irlandais

Le médecin qui l'auscultait lui trouva une fort mauvaise toux et lui dit :

– Vous toussez mal...
– **Je me suis pourtant exercé toute la nuit.**

Durant une plaidoirie, le comte de Clare tenta de réfuter l'un de ses arguments en prétendant :

– Si ce que vous affirmez est conforme à la loi, je veux bien brûler tous mes livres de droit.
– **Vous feriez mieux de commencer par les lire.**

John DALRYMPLE

1673-1747

Diplomate écossais

En 1720, le financier écossais John Law fut nommé par le Régent contrôleur général des finances du royaume. Pour accéder à ce poste prestigieux, il avait préalablement dû se convertir au catholicisme. Chargé de rétablir les finances, Law introduisit en France le papier-monnaie et, afin d'empêcher la thésaurisation des pièces métalliques, il ordonna des perquisitions chez les particuliers comme dans les églises et les monastères. Cet épisode fit dire à Dalrymple :

– **La catholicité de John Law ne fait désormais plus aucun doute puisque, après avoir prouvé la transsubstantiation par le changement des espèces en papier, il vient de rétablir l'Inquisition.**

DANTE

(Dante Alighieri)

1265-1321

Poète et écrivain florentin

Alors qu'il était convié à une fête au château de Vérone, le prince de la cité ne lui adressa presque pas la parole, s'intéressant davantage au bouffon de la cour. À quelqu'un qui s'en étonnait, Dante répondit :

– **Chacun chérit son semblable.**

DANTON

(Georges Jacques Danton)

1759-1794

Avocat et homme politique

Le 5 avril 1794, il fut guillotiné en même temps que son ami Fabre d'Églantine. Au pied de l'échafaud, son compagnon d'infortune se lamenta de devoir mourir sans avoir pu terminer d'écrire sa pièce, *L'Orange de Malte*. Il lui répondit :

– **Des vers, dans huit jours tu en feras plus que tu ne voudras.**

*

Alphonse DAUDET

1840-1897

Écrivain

Il discutait avec l'un de ses confrères à qui il reprochait de prendre trop de libertés avec la langue. Celui-ci protesta :

– Je sais mon français !

– **Ton français oui, mais pas celui des autres.**

*

Claude DAUPHIN

(Claude Legrand)

1903-1978

Acteur

Il assistait à l'enterrement d'un de ses collègues comédiens. De nombreux acteurs accompagnant le convoi funèbre, il chuchota à l'oreille de son voisin :

– **C'est bien la première fois que ses partenaires peuvent le suivre.**

⁂

Il dansait avec une dame qui laissa tout à coup échapper une bruyante flatulence. Elle s'en excusa aussitôt en lui glissant à l'oreille :

– Monsieur, je préférerais que cela reste entre nous.

– **Madame, je préférerais que cela circule.**

⁂

Jacques DAVY DU PERRON

1556-1618

Cardinal

En 1578, son ami Ronsard publia *Sonnets pour Hélène*, un recueil de poésies galantes en l'honneur d'Hélène de Surgères, une jeune femme pourtant fort laide. Cette dernière pria du Perron d'écrire une préface dans laquelle il expliquerait que l'amour du poète demeurait purement platonique. Il lui fit cette suggestion :

– **Plutôt qu'une préface, mettons simplement votre portrait.**

⁂

Alors qu'il jouait aux échecs avec Henri IV, il fit un pet bruyant au moment où il déplaçait son cavalier. Pour s'excuser, il dit aussitôt au roi :

– **Au moins sire, il n'est pas parti sans trompette.**

⁂

Madame du DEFFAND

(Marie de Vichy-Chamrond)

1697-1780

Femme de lettres et salonnière

Elle avait convié à dîner deux jeunes gens qui n'avaient pas l'habitude de se faire servir à boire par les domestiques. Juste avant de se mettre à table, ceux-ci lui demandèrent s'il convenait mieux de dire « Servez-nous à boire » ou bien « Donnez-nous à boire ». Elle leur répondit :

– **Dans votre cas : « Menez-nous boire. »**

⁂

Dans son salon, un censeur royal, très satisfait de lui-même, se vantait de « distribuer la gloire ». Elle lui rétorqua :

– **Et vous la distribuez si généreusement que vous n'en gardez point pour vous.**

⁂

Edgar DEGAS

(Hilaire Germain Edgar de Gas)

1834-1917

Peintre

Il avait pour élève un garçon aussi talentueux que paresseux. Lorsque ce dernier obtint une récompense dans un concours, il bondit chez son maître pour lui apprendre la nouvelle en s'exclamant :

– Je n'oublierai jamais que c'est vous qui le premier m'avez mis le pinceau dans la main.

– **Malheureusement vous n'en avez gardé que le poil…**

*

Au Salon, le peintre Léon Bonnat lui montrait avec satisfaction la toile d'un de ses élèves qui représentait un archer, en lui faisant remarquer :

– Il vise bien, n'est-ce pas ?

– **Oui, il vise une médaille.**

*

Le peintre espagnol José Maria Sert exposait des toiles de dimensions gigantesques qui s'apprêtaient à être acheminées aux États-Unis. Une visiteuse demanda comment des œuvres aussi colossales pouvaient être transportées outre-Atlantique. Degas répondit :

– **Ça se dégonfle…**

*

Virginie DÉJAZET

1798-1875

Comédienne

Une violente dispute l'opposait à une autre comédienne. Sa rivale lui lança :

– Vous avez tort, ma chère, de parader comme vous le faites. Tout le monde sait que vous allez au mont-de-piété.
– **Cela prouve que j'ai quelque chose à y mettre.**

⁂

En deux jours, elle reçut trois lettres grotesques d'un fanatique. Cela lui inspira ce commentaire :

– **Il tient donc bien à prouver qu'il est un sot, en trois lettres.**

⁂

Jacques DELILLE

1738-1813

Poète et traducteur. Membre de l'Académie française

Natif de Clermont-Ferrand, il faisait son retour dans sa ville natale une journée d'hiver. Alors qu'il marchait difficilement sur le pavé verglacé, il glissa et tomba lourdement sur les fesses. Un commerçant qui avait assisté à la scène lui dit en riant :

– Eh bien l'ami, le pavé de Clermont est fier !
– **C'est bien vrai, monsieur, mais tout fier qu'il est, j'ai quand même réussi à lui faire baiser mon derrière.**

⁂

DENYS LE JEUNE

397 av. J.-C.-344 av. J.-C.

Tyran de Syracuse

Après avoir été chassé de Syracuse, il passa la dernière année de sa vie à Corinthe, où il vécut dans la misère, réduit pour survivre à enseigner la rhétorique. Comme il était de coutume, quand on entrait chez les tyrans, de secouer ses vêtements pour montrer que l'on ne dissimulait aucune arme, un visiteur qui cherchait à se moquer de lui se livra un jour ostensiblement à ce cérémonial. Denys répliqua au plaisantin :

– **Mon ami, c'est quand tu sortiras d'ici qu'il faudra vider tes poches.**

Chauncey DEPEW

1834-1928

Sénateur américain

Une répartie le laissa sans voix.

Durant un dîner, il se trouva assis près d'une jeune femme à la poitrine généreuse et qui portait un profond décolleté. Charmé, il la questionna :

– Ma chère, voulez-vous me dire ce qui empêche cette robe de glisser de votre corps ?

– **Seulement votre âge, monsieur.**

Paul DERVAL

(Alexis Paul Pitron)

1880-1966

Producteur de théâtre

Il fut durant quarante-huit ans le directeur des Folies-Bergère. Un soir, alors qu'il se promenait dans les coulisses, il assista à une violente dispute entre deux machinistes. L'un d'eux lança à l'autre :

– Je vais te botter le derrière !

Il intervint :

– **Ne faites jamais de mal à votre semblable !**

Anne Victoire DERVIEUX

1752-1829

Danseuse et comédienne

Un soir, elle fut accostée par l'un de ses nombreux admirateurs qui l'implora :

– Je vous en supplie, faites-moi l'aumône d'un baiser.

– **Pardonnez-moi, monsieur, j'ai mes pauvres.**

Marc Antoine Madeleine DÉSAUGIERS

1772-1827

Chansonnier

Atteint de la terrible « maladie de la pierre », il déclara avant de mourir :

– **Je suis à la fin de ma carrière.**

⁂

Sophie DESMARETS

1922-2012

Actrice

Avant d'entrer en scène, une vieille actrice lui reprochait de trop se farder :

– De mon temps, les comédiennes ne portaient aucun maquillage.

– **En somme, vous n'aviez pas inventé la poudre.**

⁂

Jacques DEVAL

(Jacques Boularan)

1890-1972

Dramaturge

Il reprochait à un ami de s'être amouraché d'une jeune actrice au caractère insupportable. L'amoureux tentait de se justifier :

– Elle est tellement bien informée que, grâce à elle, j'apprends sans bouger toutes les nouvelles et les petits potins. C'est un journal vivant.
– **Tu as tort de le lire au lit.**

Denis DIDEROT

1713-1784

Philosophe et encyclopédiste

Rendant visite à l'éditeur et libraire Charles Joseph Panckoucke, il trouva son hôte occupé à s'habiller. Comme ce dernier était très âgé, il prit soin de l'aider mais se heurta aux protestations de Panckoucke. Il déclara alors :

– **Laissez faire, je ne suis pas le premier auteur qui aura habillé un libraire.**

André DIGNIMONT

1891-1965

Peintre et illustrateur

Une fille de restaurateur se vantait devant lui d'être artiste de cinéma et prétendit :

– En ce moment, je tourne...
– **La broche ?**

⁂

DIOGÈNE

(Diogène de Sinope)

413 av. J.-C.-327 av. J.-C.

Philosophe grec

Un jour où il assistait à l'entraînement d'un archer qui tirait n'importe comment, il se dirigea devant la cible et affirma :

– **Il n'y a qu'ici où je sois en sécurité.**

⁂

Un ouvrier qui portait sur ses épaules une énorme poutre le heurta involontairement, avant de crier :

– Prends garde !
– **Pourquoi ? Tu comptes me frapper une seconde fois ?**

⁂

Un individu avait placardé sur la porte de sa maison l'inscription suivante :

– Que rien de mauvais n'entre ici.

Diogène lui posa cette question :

– **Par où donc entres-tu ?**

⁂

Benjamin DISRAELI

1804-1881

Premier ministre du Royaume-Uni en 1868 et de 1874 à 1880

Il fut convié un soir à un dîner organisé par une dame de la haute société anglaise. Mais le repas s'avéra un désastre total et tous les plats arrivèrent froids à table sans que personne n'osât faire la moindre remarque. Lorsque, au moment du dessert, on servit le champagne, Disraeli trempa ses lèvres dans sa coupe, puis leva son verre en direction de la maîtresse de maison avant de déclarer d'un ton solennel :

– **Enfin quelque chose de chaud.**

⁂

Arielle DOMBASLE

(Arielle Sonnery)

Née en 1953

Comédienne et chanteuse

En 1997, son mari, le philosophe Bernard-Henri Lévy, réalisa *Le Jour et la Nuit*, dans lequel elle partageait la vedette avec Alain Delon. Malgré une énorme campagne de promotion, le film fut unanimement étrillé par la critique. La revue *Les Cahiers du cinéma* ayant qualifié l'œuvre de « plus mauvais film français depuis 1945 », elle rétorqua :

– **C'est au moins une raison d'aller le voir.**

Jean-Gabriel DOMERGUE

1889-1962

Peintre

Les ventes de tableaux lors du Salon des indépendants de 1946 furent extrêmement décevantes, malgré le mérite des toiles. Cet échec lui inspira ce commentaire :

– **Les Indépendants sont devenus les Indépendables.**

DOMINIQUE

(Domenico Biancolelli)

1636-1688

Comédien italien. Interprète d'Arlequin

Un soir, alors qu'il était convié au grand couvert de Louis XIV, il convoita avec insistance un plat de perdrix rouges qu'on venait d'apporter. Le monarque s'en aperçut et ordonna :

– Qu'on donne ce plat à Dominique.

Il se saisit alors du luxueux plat de vermeil et demanda d'un air goguenard :

– **Les perdrix aussi, sire ?**

⁂

DOMITIEN

51-96

Empereur romain de 81 à 96

Sa manie de tuer systématiquement les mouches avec un poinçon très aigu fut à l'origine d'un mot d'esprit.

Un jour, un visiteur qui souhaitait s'entretenir avec l'empereur demanda s'il y avait quelqu'un avec lui. Un certain Vibius Priscus osa cette boutade qu'il paya de sa vie :

– **Pas même une mouche.**

⁂

Maurice DONNAY

1859-1945

Dramaturge. Membre de l'Académie française

Au restaurant, il examinait attentivement le poulet chétif qu'on venait de lui servir. Constatant son scepticisme, le patron s'empressa de le rassurer :

– Vous pouvez le manger en toute confiance, nos volailles arrivent directement de Bresse.

– **Pauvres bêtes, elles n'auraient pas dû venir à pied…**

⁂

Des gens très snobs lui demandaient :

– Viendriez-vous cet été à Baden-Baden ?

– **Non, je pense rester à Neuilly-Neuilly.**

⁂

Un raseur tentait de s'attirer ses faveurs :

– Maître, j'aimerais ne plus vous appeler monsieur Donnay.

– **Alors appelez-moi « monsieur » tout court.**

⁂

Il parlait avec l'un de ses amis d'une jeune comédienne qui avait énormément d'admirateurs mais qui était un peu sotte. Son comparse lui dit :

– Elle en tient une couche, mais une couche…

– **C'est sans doute pourquoi elle la partage tous les soirs.**

⁂

Lors d'un dîner, un convive laissa échapper un pet bruyant. Une demi-heure plus tard, le même invité fut à nouveau victime d'une flatulence sonore. Il lui lança alors :

– **Vous commencez à radoter.**

*

Quelqu'un lui faisait la morale :

– Pourquoi trompez-vous votre femme ?
– **Je ne la trompe pas, elle le sait.**

*

Gabriel-François DOYEN

1726-1806

Peintre

Lors de la réparation du dôme des Invalides, il tomba d'un échafaud et se démit une côte. S'informant de sa santé, Louis XV s'étonna qu'on n'ait pas eu la précaution de mettre des garde-fous sur le chantier. Il objecta :

– **Il aurait surtout fallu des garde-côtes.**

*

Jacques de DRUILLET

1634-1718

Magistrat au parlement de Toulouse

Sa femme s'insurgeait parce qu'il refusait de lui offrir un vêtement fort onéreux :

– Vous me ferez mourir de chagrin et mes funérailles vous coûteront bien davantage !

– **Peut-être, mais c'est une dépense qui ne se renouvellera pas.**

Guillaume DUBOIS

1656-1723

Cardinal. Ministre du Régent

En 1720, sa nomination à l'archevêché de Cambrai suscita un mot d'esprit.

Il n'était pas clerc et, pour être sacré archevêque, il dut préalablement être ordonné prêtre, diacre, sous-diacre, acolyte, exorciste, lecteur et portier. Lassé, l'ordinant finit par lui dire :

– **Pendant que nous y sommes, doit-on également vous donner le baptême ?**

Casimir DUDEVANT

1795-1871

Militaire. Mari de George Sand

En 1864, près de vingt ans après leur séparation, il revit son épouse, George Sand, à l'occasion de la mort de leur petit-fils. Âgée de 60 ans, l'écrivaine, dont le nom de jeune fille était Aurore Dupin, avait pris un sacré coup de vieux, faisant dire à Dudevant :

– **Cette Aurore ressemble plutôt à un soleil couchant.**

*

Alexandre DUMAS

1802-1870

Écrivain

En 1838, le poète Adolphe Dumas présenta sa nouvelle pièce, *Le Camp des croisés*. Dans les couloirs, il rencontra Alexandre Dumas et lui dit :

– Monsieur, pardonnez-moi de prendre un peu de votre place au soleil, mais il peut bien y avoir deux Dumas au XIXe siècle, comme il y a eu deux Corneille au XVIIe siècle.

– **Bonsoir Thomas**[1].

*

1. Thomas Corneille était le frère du célèbre Pierre Corneille.

En froid, Dumas et Balzac se rencontrèrent par hasard chez un ami commun lors d'un dîner. Pendant tout le repas, ils n'échangèrent pas une parole. Avant de partir, Balzac lança une pique visant son confrère :

– Quand je serai usé, je ferai du théâtre.
– **Alors, commencez tout de suite !**

⁂

En 1855, lors de la première du *Demi-Monde*, écrite par Alexandre Dumas fils, un spectateur enthousiaste l'interrogea pour savoir s'il avait contribué au succès de la pièce de son rejeton. Il répondit :

– **Parbleu, c'est moi qui ai fait l'auteur !**

⁂

Alexandre DUMAS fils

1824-1895

Écrivain. Membre de l'Académie française. Fils du précédent

Dans un de ses ouvrages, il avait écrit : « *Un vide douloureux qu'occasionnent les moments de faiblesse.* » Un critique pointilleux lui demanda des éclaircissements sur cette phrase :

– Comment une chose vide peut-elle être douloureuse ?
– **Vous n'avez jamais eu mal à la tête ?**

⁂

Bien que fâché avec lui, son père tint à le féliciter pour sa dernière pièce. Pour ce faire, il lui envoya un message au style impersonnel comme s'il s'adressait à un simple confrère :

– Monsieur, j'ai été voir votre comédie et l'ai beaucoup appréciée.

Il lui écrivit en guise de réponse :

– **Croyez bien, Monsieur, que je suis très honoré d'avoir l'estime d'un homme dont j'ai toujours entendu mon père dire le plus grand bien.**

*

Évoquant une femme à la réputation sulfureuse, quelqu'un rappelait :

– Autrefois, elle tenait le haut du pavé.
– **C'est probablement parce qu'il n'y avait pas encore de trottoir.**

*

Lors d'un dîner mondain, il était question d'un homme à l'hygiène plus que douteuse. La maîtresse de maison déplorait :

– Qu'a-t-il bien pu toucher pour avoir les mains si sales ?
– **Sa figure.**

*

Alphonse Karr, qu'il détestait cordialement, fréquentait le même salon que lui. Un soir, fidèle à son habitude, Karr se présenta alors qu'il était plus de minuit. Dès qu'il entendit son ennemi sonner à la porte, Dumas prit son chapeau et annonça à la maîtresse de maison :

– **Permettez que je me retire, minuit et Karr sonnent.**

⁂

Son père le pressait de se marier :

– Il serait grand temps que tu prennes femme…
– **La femme de qui ?**

⁂

Une dame faisait l'éloge d'un célèbre séducteur :

– Quel homme ! Et comme il connaît bien le cœur des femmes.
– **Oh certainement, seulement il le place d'ordinaire un peu bas.**

⁂

Célèbre demi-mondaine, la Païva engagea l'architecte Pierre Manguin pour se faire construire sur les Champs-Élysées le plus bel hôtel particulier de Paris. À un ami qui lui demandait où en étaient les travaux, il indiqua :

– **Le trottoir est déjà fait.**

⁂

Alexandre Dumas fils fut également mouché par une inconnue.

Un jour où il assistait à une pièce, il fut gêné par le volumineux chapeau que portait la dame assise juste devant lui. Il lui fit courtoisement remarquer :

– Madame, ne pourriez-vous pas enlever votre chapeau ? J'ai payé ma place un louis, c'est pour voir quelque chose.
– **Et moi, monsieur, si j'ai payé mon chapeau six louis, c'est pour qu'on le voie.**

⁂

André DUPIN

1783-1865

Procureur. Président de la Chambre des députés

À l'Assemblée, le député de la Manche, Hippolyte Abraham, prononçait un interminable et ennuyeux discours. Il parvint à le faire taire et donna la parole au représentant des Pyrénées-Orientales, Gabriel de Lacroix, dont l'allocution se révéla aussi soporifique que celle de son prédécesseur. Il conclut alors :

– **Je n'ai obtenu le sacrifice d'Abraham que pour subir le supplice de la croix.**

⁂

Lorsque, peu après son coup d'État, Louis-Napoléon Bonaparte, futur Napoléon III, ordonna la confiscation des biens des Orléans, il démissionna de ses fonctions à la Cour de cassation et fit ce commentaire :

– **C'est le premier vol de l'Aigle.**

⁂

Charles DUPIN

1784-1873

Ingénieur et homme politique. Frère du précédent

Lors d'un bal costumé, il resta subjugué par le décolleté plongeant d'une invitée. Comme il demandait à la jeune femme en quoi elle était déguisée, celle-ci lui précisa :

– Je suis Amphitrite, la déesse de la Mer.
– **À marée basse alors…**

⁂

Claire de DURAS

1777-1828

Salonnière et écrivaine

Quelqu'un la complimentait :

– Je vous tiens pour la plus jolie femme de la cour.

Louis XVIII ayant pour habitude de ranger sa prise de tabac entre les seins de la comtesse du Cayla, sa maîtresse attitrée, elle répondit :

– **C'est possible, mais madame du Cayla est la plus prisée.**

⁂

Emmanuel Félicité de DURFORT

1715-1789

Maréchal de France

En 1781, à l'occasion de la représentation de l'opéra de Gluck, *Iphigénie en Tauride*, sept ans après *Iphigénie en Aulide*, Mlle Laguerre, qui interprétait le rôle-titre, se présenta en scène complètement ivre. Au chevalier Crozat qui demandait si l'opéra joué était *Iphigénie en Aulide* ou *Iphigénie en Tauride*, Durfort indiqua :

– **Non, c'est *Iphigénie en Champagne.***

⁂

Henri DUVERNOIS

(Henri Simon Schwabacher)

1875-1937

Dramaturge

Alors qu'il collaborait au journal *Femina*, il reçut pour la énième fois une dame qui rêvait de voir publier sa prose. À peine arrivée, celle-ci déclara :

– Vous voyez, je vous reviens tous les ans. Pas en avril comme les hirondelles mais…

– **Mais en septembre comme les bécasses.**

⁂

À un quidam qui lui annonçait qu'il était allé voir sa pièce, il répondit :

– **Ah, c'était vous ?**

⁂

Lors d'une soirée mondaine, un jeune arriviste qui venait de quitter sa province plastronnait :

– Dans ma ville, mon oncle a sa rue.
– **Il est balayeur ?**

⁂

ÉDOUARD VIII

1894-1972

Roi d'Angleterre ayant abdiqué en 1936

Peu après le krach de 1929, alors que le gouvernement anglais était parvenu à faire remonter rapidement la livre sterling et à la mettre à parité avec le dollar, il fit une chute à cheval sous les yeux des journalistes. Tout sourire, il se releva prestement et dit :

– **Décidément, la livre monte mieux que moi.**

⁂

Alfred EDWARDS

1856-1914

Patron de presse

Son père était un médecin anglais en poste à Constantinople qui s'enrichit en prêtant de l'argent à la petite semaine. Lorsqu'il mourut, quelqu'un s'informa auprès d'Edwards :

– De quoi est décédé votre père ?
– **D'usure, parbleu.**

⁂

Edwards fut également mouché par un inconnu.

Il envoya à quelqu'un qui lui avait fait du tort le mot suivant :

– La prochaine fois que je vous rencontre, je vous flanque mon pied au derrière.

Son détracteur lui transmit cette réponse :

– **Monsieur, j'ai bien reçu votre lettre et je l'ai mise aussitôt en contact avec la partie intéressée.**

Georges ELGOZY

1909-1989

Économiste

Quelqu'un lui assurait :

– Je vous donne ma parole d'honneur.

– **Si vous me la donnez, c'est qu'elle ne vaut pas grand-chose.**

Henri EMMANUELLI

1945-2017

Homme politique

Aux élections législatives de 1993, le Parti socialiste subit la plus grande débâcle électorale de son histoire. Un journaliste l'interrogea :

– Comment voyez-vous l'avenir de votre parti ?

– **À la loupe.**

Henriette d'ENTRAGUES

(Catherine Henriette de Balzac d'Entragues)

1579-1633

Favorite d'Henri IV

Lorsqu'en 1599, après la mort de Gabrielle d'Estrées, Henri IV tomba éperdument amoureux d'elle, il lui posa cette question :

– Par où pourrait-on gagner votre chambre ?

– **Par l'église, sire !**

⁂

Le chevalier d'ÉON

(Charles de Beaumont)

1728-1810

Diplomate et espion

Il reçut Henri de Prusse, frère du roi Frédéric II, en séjour en France. Sa mère ayant présenté au prince de magnifiques prunes que son hôte refusa poliment, le chevalier releva :

– **Mère, monseigneur n'est pas venu ici pour des prunes.**

⁂

Le duc d'ÉPERNON

(Jean Louis de Nogaret de La Valette)

1554-1642

Amiral et conseiller d'Henri III

En 1624, alors que son influence à la cour ne cessait de se réduire au profit de celle du cardinal de Richelieu, il descendit l'escalier du château de Saint-Germain lorsqu'il croisa justement son rival qui en grimpait les marches. Arrivé à sa hauteur, ce dernier le salua :

– Quelles nouvelles, monsieur le duc ?

– **Rien, sinon que vous montez et que je descends.**

ÉRASME

(Desiderius Erasmus Roterodamus)

1469-1536

Théologien et philosophe hollandais

Sur son lit de mort, on lui demanda de quoi il avait besoin. Il répondit simplement :

– **D'un cercueil.**

Thomas ERSKINE

1750-1823

Lord chancelier du Royaume-Uni

Il faisait un jour la cour à une dame très corpulente. Lorsqu'il loua sa beauté, celle-ci objecta :

– Je suis grosse comme une baleine !
– **Alors je voudrais être Jonas[1].**

⁂

Léon-Paul FARGUE

1876-1947

Poète

Une inconnue fit étalage de son brillant esprit à ses dépens.

Chez des amis, il se trouva pris de somnolence au moment où une cantatrice mondaine interprétait quelques chants devant les convives. Le mini-concert terminé, il s'éveilla et s'exclama aussitôt :

– Bravo, bravo ! Demain, je lui enverrai des fleurs !

La maîtresse de maison, qui l'avait vu s'assoupir, ironisa :

– **Des pavots[2] ?**

⁂

1. Personnage biblique qui passa trois jours dans le corps d'une baleine.
2. Fleurs aux propriétés somnifères.

FARINELLI

(Carlo Broschi)

1705-1782

Castrat italien

Son élévation par le roi d'Espagne, Ferdinand VI, à l'ordre de Calatrava, la plus haute dignité militaire du royaume, fut prétexte à un mot d'esprit.

Lorsque Farinelli fut armé chevalier et qu'on lui remit les éperons, l'ambassadeur d'Angleterre fit ce commentaire :

– **En Angleterre on éperonne les coqs, à Madrid on éperonne les chapons.**

Edgar FAURE

1908-1988

Président du Conseil en 1952 et de 1955 à 1956

Irritée par les regards insistants qu'il lui portait, une jeune femme se récria :

– Monsieur, pourquoi me dévisagez-vous ainsi ?

– **Madame, je ne vous dévisage pas, je vous envisage.**

Federico FELLINI

1920-1993

Cinéaste italien

Dans une interview, Luchino Visconti déclara qu'on reconnaissait les mauvais réalisateurs italiens à ce que leur nom se terminait en « ni ». Il visait notamment par là Roberto Rossellini, Pier Paolo Pasolini, Michelangelo Antonioni et Federico Fellini. Quand ce dernier eut connaissance de cette sortie, il riposta :

– **C'est sans doute Viscontini qui dit ça…**

⁂

Charles Georges FENOUILLOT DE FALBAIRE

1727-1800

Dramaturge

En 1771, sa pièce, Le Fabricant de Londres, *qui ne resta en tout et pour tout qu'un soir à l'affiche, fut à l'origine d'un mot d'esprit.*

Durant le cinquième acte, alors qu'un personnage annonçait avoir fait banqueroute, une voix s'éleva du parterre :

– **Il s'agit bien d'une banqueroute, j'y suis pour mes vingt sous !**

⁂

Edna FERBER

1885-1968

Dramaturge américaine

Elle avait des traits très masculins. Un soir où elle arriva à un dîner vêtue d'un tailleur-pantalon, le dramaturge Noël Coward lui lança :

– Vous ressemblez presque à un homme.

Comme celui-ci était homosexuel, elle répliqua :

– **Vous aussi.**

*

Georges FEYDEAU

1862-1921

Dramaturge

Alors qu'il s'impatientait de ne pas avoir reçu la pièce qu'il lui avait promise, le directeur du Théâtre des Variétés, Gustave Quinson, se rendit au restaurant chez Maxim's et le découvrit entouré de jeunes femmes, attablé en plein après-midi. Exaspéré, Quinson le sermonna :

– Alors Georges, et ma pièce ?
– **Justement, tu vois, je prépare l'entracte.**

*

Un admirateur lui fit parvenir le manuscrit d'une pièce pour laquelle il sollicitait sa collaboration. Le texte étant particulièrement mauvais, il ne put que le renvoyer avec ses regrets à son auteur. Terriblement déçu, ce dernier lui adressa en retour un virulent courrier qu'il termina par cette phrase :

– Je vous emmerde.

À quoi il répondit :

– **Plus maintenant, j'ai fini de lire votre pièce.**

*

Chez Maxim's, un importun, bien connu des habitués de l'établissement, s'incrusta à la table de Feydeau et annonça fièrement :

– On vient de me le confirmer, j'ai frisé la Légion d'honneur à la dernière promotion.

Le pique-assiette reparti, Feydeau dit à ses amis :

– **Il frise maintenant ? Autrefois, il se contentait de raser…**

*

Il eut une violente dispute avec un directeur de théâtre. À court d'arguments, ce dernier lui lança :

– Ce que vous dites entre par une oreille et ressort par l'autre.
– **Évidemment, il n'y a rien entre les deux.**

*

Alors qu'il dînait dans un restaurant renommé, il fit appeler le maître d'hôtel et lui signala qu'il manquait une pince au homard qu'il avait commandé. Celui-ci se confondit en excuses :

– Il l'a probablement perdue en se battant.

– **Dans ce cas, qu'on m'apporte le vainqueur.**

*

On parlait d'un couple d'artistes qui, bien qu'habitant sous le même toit, menaient chacun une vie libertine. Quelqu'un demandant s'ils étaient mariés, il répondit :

– **Non, ils vivent en « cocubinage ».**

*

L'un de ses médiocres confrères se plaignait :

– Je suis en train de perdre un temps précieux…

– **Vous écrivez ?**

*

Durant un dîner, on évoquait la personnalité d'une belle actrice. L'un des invités affirma :

– Cette jeune femme respire la vertu.

– **Oui, mais elle s'essouffle vite.**

*

Tout guilleret, un de ses amis sortait de sa poche une lettre parfumée. Lorsque Feydeau lui demanda ce que c'était, il indiqua fièrement :

– Une lettre de ma maîtresse.

– **Et à qui est-elle adressée ?**

*

Il rencontra un directeur de théâtre assez négligé de sa personne et qui venait d'obtenir plusieurs succès. Il le félicita :

– Avec tout cet argent, tu vas pouvoir soigner ta toilette.
– Mais, je prends un bain tous les matins !
– **Dans ce cas, maintenant, tu vas pouvoir changer l'eau.**

*

Parlant d'un homme à qui rien ne réussissait, un de ses amis prétendait :

– Il n'est bon qu'à être cocu, ce type-là.
– **Et encore, même pour ça il faut que sa femme l'aide.**

*

Un jeune acteur légèrement écervelé claironnait :

– Figurez-vous que, depuis quelque temps, j'ai une idée qui me trotte dans la tête.
– **Elle doit joliment s'ennuyer toute seule.**

*

Ses répliques étaient régulièrement pillées par ses confrères. Un jour, un jeune auteur le complimenta en lui déclarant :

– Maître, votre théâtre est un enseignement précieux. C'est une vraie école.
– **Oui, une école des mines !**

*

Apprenant qu'une demi-mondaine allait être mère pour la première fois, il fit ce commentaire :

– **Jusqu'à présent elle n'avait donné que la nuit, elle va enfin donner le jour.**

⁂

Tandis qu'il quittait discrètement le théâtre avant la fin d'une pièce, il fut interpellé par le contrôleur :

– Monsieur Feydeau, il y a encore un acte.
– **C'est bien pour ça que je m'en vais.**

⁂

Quelqu'un disait à propos du fils d'une baronne aux mœurs légères :

– Celui-là, il est toujours fourré dans les jupes de sa mère.
– **Tant mieux, il s'y fera de belles relations.**

⁂

Jacques FEYDER

1885-1948

Cinéaste

Le cinéaste Erich von Stroheim était connu pour tourner très lentement ses films. En 1946, alors que Feyder participait comme directeur artistique au tournage du film *Macadam*, de Marcel Blistène, il reçut la visite d'un assistant qui se présenta ainsi :

– J'ai travaillé deux ans avec Stroheim.
– **Pour un court-métrage ?**

⁂

W. C. FIELDS

(William Claude Dukenfield)

1880-1946

Comédien américain

Grand buveur devant l'Éternel, il était invité un soir à dîner chez des amis et la maîtresse de maison lui demanda :

– Que voulez-vous en apéritif ? Whisky ? Rhum ? Gin ? Champagne ?

– **Tout cela sera parfait !**

⁂

Tiberio FIORILLI

1608-1694

Comédien italien. Créateur du personnage de Scaramouche

Un soir où il jouait à la Comédie-Italienne, un spectateur jeta à ses pieds une paire de cornes de chevreuil, symbole des cocus, et fit mine d'avertir l'acteur qu'il venait de les faire tomber. Comme si de rien n'était, Fiorilli les prit et, après s'être palpé le front, les lança au farceur en lui disant :

– **Monsieur, j'ai encore les miennes : celles-ci sont donc les vôtres.**

⁂

Robert de FLERS

1872-1927

Écrivain et dramaturge. Membre de l'Académie française

On parlait d'un journaliste de peu de talent. Un des convives qui avait eu en main l'un de ses manuscrits révéla qu'il écrivait comme un chat. Et de Flers de répliquer :

– **Même imprimé, il reste illisible.**

⁂

Alors qu'il assistait à une pièce, son voisin remarqua une jolie jeune femme et lui demanda s'il la connaissait. De Flers lui répondit par l'affirmative et lui proposa même de la lui présenter. L'autre demanda alors :

– Faudra-t-il faire un doigt de cour ?
– **Oh, une phalange suffira.**

⁂

À la fin d'un dîner, la fille des maîtres de maison interpréta, avec difficulté, un morceau au piano dans le salon familial. Sa mère s'empressa de lui demander :

– Maître, que pensez-vous de son exécution ?
– **Je suis pour.**

⁂

André Hercule de FLEURY

1653-1743

Cardinal. Ministre de Louis XV

Son faible goût pour les plaisirs de la table fut à l'origine d'un mot d'esprit.

Un soir, alors qu'il avait convié un courtisan pour un dîner des plus frugaux, il s'enquit à la fin du repas :

– Prenez-vous du café ?

– **Non, monseigneur, je n'en prends qu'après avoir dîné.**

⁂

La duchesse de FLEURY

(Anne Madeleine Françoise d'Auxy de Monceaux)

1721-1802

Dame du palais

Le 27 juillet 1778, une bataille opposa au large d'Ouessant la flotte française à la marine anglaise. Au moment où les Français avaient l'avantage, le duc de Chartres, futur Philippe Égalité, commit une grossière erreur de signaux qui permit aux Anglais de prendre la fuite. Quelques mois plus tard, le duc s'amusa à classer les femmes de la cour en fonction de leur beauté et décerna le prix de la plus laide à la duchesse de Fleury. Lorsqu'elle l'apprit, celle-ci alla trouver le duc et lui exprima sa réserve :

– **Heureusement, on sait que vous ne vous y connaissez pas mieux en signalements qu'en signaux.**

⁂

Marthe de FLORIAN

(Mathilde Héloïse Beaugiron)

1864-1939

Comédienne et courtisane

Un après-midi où elle se promenait dans la rue avec son bébé, elle croisa une ancienne condisciple comédienne. Maîtresse de nombreux hommes influents, cette dernière était devenue peintre et avait été décorée de la Légion d'honneur. Lorsqu'elle aperçut le nourrisson, la peintre s'exclama :

– Mais que vois-je, un gosse ! Comment avez-vous attrapé ça ?

Pointant son doigt sur le ruban rouge de la peintre, elle lui répondit tout sourire :

– **Oh, exactement comme vous avez attrapé ça.**

*

René FLORIOT

1902-1975

Avocat

Ce ténor du barreau fut brillamment mouché par un confrère.

Un jour, il croisa dans les couloirs du palais de justice un de ses confrères qui peinait à avoir de la clientèle. Celui-ci tenta d'engager la conversation, mais Floriot coupa court à la discussion :

– Mon pauvre vieux, je ne sais plus où donner de la tête : j'ai trois instructions dans l'après-midi.

– **C'est étrange qu'avec tant d'instructions tu aies si peu d'éducation.**

*

Ferdinand FOCH

1851-1929

Maréchal de France. Membre de l'Académie française

Sa mort, le 20 mars 1929, donna lieu à un mot d'esprit.

Le médecin chargé de lui prodiguer les derniers soins vint annoncer à ses proches :

– Le maréchal s'est éteint.

Un officier qui se trouvait là murmura :

– **Ce n'était pourtant pas une lumière…**

FONTENELLE

(Bernard Le Bouyer de Fontenelle)

1657-1757

Scientifique et écrivain. Membre de l'Académie française

On jouait chez la duchesse du Maine à un jeu d'esprit consistant à indiquer de manière amusante les différences entre des objets pris au hasard. La maîtresse de maison lança ce défi à ses convives :

– Quelle différence faites-vous entre cette pendule et moi ?

– **La pendule marque les heures et vous, madame, vous les faites oublier.**

Lors d'une quête à l'Académie française, on s'aperçut qu'il manquait une contribution. Malgré ses dénégations, les soupçons se portèrent sur Toussaint Rose, un académicien connu pour son avarice. L'abbé Régnier, secrétaire de l'Académie, prit sa défense :

– Je ne l'ai pas vu, mais je le crois.
– **Moi, je l'ai vu mais je ne le crois pas.**

⁂

Impatient d'entrer à l'Académie française, Voltaire le pressait de lui donner son suffrage. Il lui répondit simplement :

– Il faut attendre.
– Et que diriez-vous à l'abbé Le Blanc s'il vous faisait la même demande ?
– **Je lui dirais : « Il faut espérer. »**

⁂

Il décéda à quelques semaines de son centième anniversaire. Sur son lit de mort, il reçut la visite d'un de ses amis qui s'enquit de son état :

– Alors ? Cela va-t-il ?
– **Non, cela s'en va…**

⁂

Samuel FOOTE

1720-1777

Dramaturge anglais

Une jeune femme qui venait de se marier après des années de vie tumultueuse était au centre d'une conversation. Comme elle avait choisi de révéler à son époux toutes ses précédentes aventures, quelqu'un s'exclama, admiratif :

– Quelle franchise ! Quel courage !

– **Et surtout quelle mémoire !**

⁂

Le comte de Sandwich qu'il avait humilié lui lança, fou de rage :

– Vous mourrez soit pendu, soit tué par une maladie vénérienne.

– **Cela dépend, monsieur, si j'embrasse vos principes ou votre maîtresse.**

⁂

Jean-Louis FORAIN

1852-1931

Peintre et dessinateur

Lors d'un dîner mondain, on parlait de l'âge auquel les comédiennes devaient renoncer à monter sur scène. La maîtresse de maison annonça devant tous les convives :

– Pour ma part, je suis décidée à ne point me voir vieillir. Quand je comprendrai que mon temps est passé, je me tirerai une balle dans le cœur.

Il chuchota alors à l'oreille d'Émile Buré :

– **Feu !**

*

Apprenant la mort du marquis de Vernouillet qui était l'un des plus célèbres cocus du pays, il déclara :

– **La France se déboise.**

*

Un soir, il arriva en retard au récital d'un pianiste. Son voisin lui fit le compte rendu de ce qu'il avait manqué :

– Dans la première partie, il s'est attaqué à Chopin.
– **Je suis sûr que Chopin a eu le dessus !**

*

En 1910, le patron de presse Alfred Edwards épousa en cinquièmes noces la comédienne Geneviève Lantelme, qui se noya dans le Rhin dans des circonstances bien mystérieuses. Quelques mois plus tard, lors d'un dîner, Edwards lui présenta sa nouvelle conquête, la comédienne Gabrielle Colonna-Romano, qu'il vantait en ces termes :

– C'est une enfant étonnante, elle sait chanter, elle sait danser, elle sait jouer du piano…
– **Et est-ce qu'elle sait nager ?**

Il quittait un banquet d'artistes en compagnie d'un peintre que la rumeur publique accusait d'être un maquereau. Comme il pleuvait, il tendit sa main au-dehors puis fit mine de porter à ses lèvres les gouttes de pluie. Il se retourna alors vers son confrère et le prévint :

– **Méfiez-vous, elle n'est pas salée…**

Après un concert, une cantatrice, heureuse de sa prestation, lui confiait :

– Avez-vous remarqué comme ma voix remplissait la salle ?
– **Oui, j'ai même vu quelques personnes qui se levaient pour lui faire de la place.**

Un parvenu fraîchement anobli par le pape faisait fièrement étalage de son petit titre de noblesse et demanda à ses convives quelle devise il pouvait lui adjoindre. Il lui conseilla :

– **Pas de quartiers !**

*

Lors d'un dîner mondain, on le plaça à côté d'une dame qui avait très mauvaise haleine. Appréhendant une cinglante saillie de sa part, celle-ci n'osa pas ouvrir la bouche de la soirée. Mais lorsqu'en fin de repas on disposa sur la table un énorme plateau de fromages particulièrement odorants, il se tourna vers sa voisine et lui demanda :

– **Vous dites ?**

*

Joseph FOUCHÉ

1759-1820

Ministre de la Police de Napoléon

Le 14 août 1807, quelques jours après avoir quitté le ministère des Affaires extérieures, Talleyrand se vit offrir le titre prestigieux de vice-Grand Électeur de l'Empire. Cette élévation lui inspira ce commentaire :

– **Il ne lui manquait que ce vice-là.**

*

Anatole FRANCE

(Anatole François Thibault)

1844-1924

Écrivain. Membre de l'Académie française
et prix Nobel de littérature

Comme il était à la recherche d'un collaborateur pour achever sa *Vie de Jeanne d'Arc*, on lui recommanda l'écrivain Jean-Jacques Brousson qui gagnait alors sa vie comme documentaliste. Lorsqu'il reçut celui-ci, il lui demanda combien son précédent employeur le rémunérait. Le jeune homme le renseigna :

– Il ne me donnait rien.

– **Eh bien, je double vos appointements.**

*

FRÉDÉRIC Ier

1676-1751

Roi de Suède de 1720 à 1751

Face à lui, un de ses sujets sut faire preuve d'un grand sens de la répartie.

Alors qu'il visitait un village, il croisa un pasteur qui l'accueillit en lui chantant quelques vers. Il l'écouta et, appréciant beaucoup son chant, s'exclama :

– Bis !

Le pasteur interpréta à nouveau sa chanson et, pour le récompenser, il lui offrit généreusement cinquante ducats. Après s'être respectueusement incliné, le pasteur s'exclama à son tour :

– **Bis !**

*

FRÉDÉRIC II

1712-1786

Roi de Prusse de 1740 à 1786

En 1743 s'éteignait le cardinal de Fleury. À l'Académie française, son fauteuil fut proposé à l'archevêque de Narbonne, qui le refusa, puis au cardinal de Luynes, qui l'accepta. Lorsque l'année suivante ce fut au tour de l'abbé de Bernis d'y être promu, Frédéric II déclara :

– **L'Académie française ne sera bientôt plus qu'un séminaire.**

*

FRÉDÉRIC-GUILLAUME III

1770-1840

Roi de Prusse de 1797 à 1840

En 1799, durant la campagne d'Italie, l'armée russe fut défaite à Zurich par les troupes de Masséna. Décidant de ramener tous ses hommes en Russie, le général Alexandre Souvorov leur fit alors une tonitruante proclamation qui inspira ce commentaire à Frédéric-Guillaume III :

– **Souvorov ressemble à un tambour : il ne fait du bruit que lorsqu'il est battu.**

*

Un de ses subalternes s'illustra par un brillant mot d'esprit.

Pour améliorer le quotidien de son aide de camp qui était sans fortune, il lui offrit un petit portefeuille en forme de livre où il avait généreusement placé cinq cents thalers. Quelque temps plus tard, il lui demanda :

– Eh bien, comment avez-vous trouvé l'ouvrage que je vous ai adressé ?

– **Parfait, sire, et même tellement intéressant que j'attends le second volume avec impatience.**

André FRÉDÉRIQUE

1915-1957

Poète et humoriste

Un soir, il alla voir un spectacle de cabaret intitulé *Sitivatiri*. Chargé d'en faire la critique, il rendit compte de sa déception en titrant son article :

– **Jéparidutou.**

Le comte de FRIESEN

(August Heinrich von Friesen)

1727-1755

Militaire. Neveu du maréchal de Saxe

Alors qu'il était en train de faire sa toilette, il reçut la visite de l'écrivain François de Baculard d'Arnaud. Voulant lui faire un compliment original, celui-ci lui glissa :

– Vous avez des cheveux de génie.

– **Ah, d'Arnaud, si je le croyais, je les ferais couper à l'instant pour vous en faire une perruque.**

Pierre FRONDAIE

1884-1948

Écrivain

Au début de la Première Guerre mondiale, alors qu'il risquait d'être mobilisé, la comédienne Cora Laparcerie lui offrit un livre qu'elle dédicaça ainsi :

– À mon cher ami qui pourrait porter un fusil.

En remerciement, il lui adressa son dernier livre et, comme la comédienne était bien en chair, il rédigea la dédicace suivante :

– **À madame Cora Laparcerie qui pourrait porter un canon.**

Antoine FURETIÈRE

1619-1688

Écrivain. Membre de l'Académie française

Au début d'une séance à l'Académie, son grand rival, Isaac de Benserade, s'installa sciemment sur son fauteuil et proclama :

– Voilà une place où je vais dire bien des sottises.

– **Vous venez déjà de commencer.**

⁂

Zsa Zsa GABOR

(Sari Gabor)

1917-2016

Actrice américaine

Un magazine avait posé la question suivante à plusieurs femmes célèbres :

– Quelle est la première chose que vous remarquez chez une femme ?

Elle donna la réponse la plus spirituelle :

– **Son mari.**

⁂

Caterina GABRIELLI

1730-1796

Cantatrice italienne

Conviée par Catherine II, elle exigea la somme de cinq mille ducats pour chanter pendant deux mois à Saint-Pétersbourg. L'impératrice refusa :

– Même mes maréchaux ne sont pas payés à ce prix-là.

– **En ce cas, Votre Majesté n'a qu'à faire chanter ses maréchaux.**

Serge GAINSBOURG

(Lucien Ginsburg)

1928-1991

Chanteur

On lui annonçait :

– Il paraît que Régine va remonter sur scène.

– **Comment ? Avec une grue ?**

Jean GALTIER-BOISSIÈRE

1891-1966

Écrivain et journaliste

Dans la nuit du 14 au 15 décembre 1940, les cendres du duc de Reichstadt, fils de Napoléon et de Marie-Louise, furent transférées aux Invalides, cent ans jour pour jour après celles de son père. L'événement lui inspira ce commentaire :

– **Les Allemands nous prennent notre charbon et nous rendent des cendres...**

⁂

En 1954, afin de moderniser son image, le journal *La Croix* supprima de son logo le crucifix qui y avait toujours figuré. Il nota à cette occasion :

– **On l'appellera désormais : « La Croix gommée ».**

⁂

Léon GAMBETTA

1838-1882

Président du Conseil de 1881 à 1882

Au lendemain de la proclamation de la Troisième République, le ministre Adolphe Crémieux lui rendit visite et le surprit occupé à affranchir des lettres avec des timbres-poste à l'effigie de Napoléon III. Son visiteur s'exclama :

– Ah, je vous y prends ! Vous léchez l'empereur.

– **Vous vous trompez : je ne lèche pas, je dégomme.**

⁂

Maurice GARÇON

1889-1967

Avocat et écrivain. Membre de l'Académie française

Un avocat débutant qui venait de gagner son premier procès dans une affaire de coups et blessures lui racontait :

– Ma cliente avait assommé son mari parce que celui-ci lui reprochait de dépenser trop rapidement l'argent du ménage.

– **J'imagine que vous avez plaidé la légitime dépense.**

*

Il assistait aux funérailles d'un banquier quand un de ses confrères qui venait juste d'arriver prit place derrière lui et chuchota :

– Où en est-on ?

Désignant du menton l'orateur en train de prononcer l'éloge funèbre du défunt, il lui indiqua :

– **La parole est à la défense.**

*

David GARRICK

1717-1779

Acteur et dramaturge britannique

Lors d'une représentation de *Richard III*, alors qu'il déclamait le fameux vers « *Un cheval, mon royaume pour un cheval* », un spectateur cria depuis le balcon :

– Un âne ne suffirait pas ?

– **Oui, bien sûr, descendez donc, cher monsieur.**

*

Romain GARY

(Roman Kacew)

1914-1980

Diplomate et écrivain

En 1945, il épousa l'éditrice britannique Lesley Blanch. Lorsque dix ans plus tard celle-ci publia son premier best-seller, *The Wilder Shores of Love*, un journaliste demanda à Romain Gary :

– Quel effet cela fait-il d'être marié à un écrivain célèbre ?

– **Vous devriez interroger ma femme : voilà dix ans qu'elle en fait l'expérience quotidienne.**

*

Giulio GATTI-CASAZZA

1869-1940

Directeur d'opéra italien

Alors qu'il dirigeait le Metropolitan Opera de New York, il fit passer une audition à un ténor. Guère convaincu par sa prestation, il expliqua aimablement au candidat qu'il n'était pas encore prêt pour chanter dans sa salle d'opéra. Le ténor prit très mal la critique :

– Vous saurez, monsieur, que la Scala de Milan, à l'époque où j'y étais, a jugé bon d'assurer ma voix pour cinquante mille dollars.
– **J'espère que la Scala a bien utilisé l'argent qu'elle a reçu.**

Charles de GAULLE

1890-1970

Président de la République de 1958 à 1969

En 1942, à Londres, il rencontra une Française, elle aussi exilée. D'un air pincé, celle-ci lui demanda :

– Mon Dieu, mon général, comment va notre pauvre sol de France ?
– **Pas trop mal, madame. Vous verrez, il nous enterrera tous.**

Lors d'une réunion politique du RPF, le député Louis Vallon s'écria :

– Mort aux cons !
– **Vaste programme.**

⁂

En juin 1961, John Fitzgerald Kennedy fit une visite officielle en France. Lorsque de Gaulle apprit qu'une partie de chasse allait être organisée à Rambouillet en l'honneur de son hôte, il demanda quels gibiers avaient été choisis. Comme on lui répondit qu'il s'agissait de faisans, il observa :

– **Combat fratricide...**

⁂

Quand on lui présenta Mme Messmer, celle-ci fut si bouleversée qu'elle le salua par un vibrant :

– Bonsoir, madame.

De Gaulle répondit :

– **Mes respects, mon général.**

⁂

Il tint toujours rigueur au maréchal Juin d'avoir attendu 1942 pour rallier la France libre. Le journaliste Jean-Raymond Tournoux l'interrogeait :

– Mon général, que pensez-vous du général Juin ?
– **Juin ? De quelle année ?**

⁂

Le 9 octobre 1961, au cours d'une visite en Haute-Savoie, il se rendit dans un poste des douanes, à la frontière franco-suisse. Après avoir salué les douaniers alignés qui attendaient patiemment un discours du président, il proclama simplement :

– **Je n'ai rien à déclarer.**

⁂

Le ministre des Finances, Valéry Giscard d'Estaing, proposait de lancer un nouvel emprunt national. Comme, selon la coutume, l'emprunt devait porter le nom du ministre qui en était à l'origine, de Gaulle fit ce commentaire :

– **« Emprunt Giscard d'Estaing », on ne peut pas dire que ça ne fait pas un beau nom d'emprunt[1].**

⁂

À l'entracte d'une pièce de la Comédie-Française, il se rendit aux toilettes avec André Malraux. Alors que les deux hommes se tenaient côte à côte face aux urinoirs, le ministre déclara, enthousiaste :

– Belle pièce, mon général.

– **Je vous en prie, Malraux, regardez devant vous.**

⁂

1. En 1922, Edmond Giscard, père du ministre, avait obtenu du Conseil d'État l'autorisation d'accoler le nom d'Estaing à son patronyme.

Le président du Gabon, Léon Mba, fut accusé d'avoir mangé sa belle-mère durant un repas rituel. Lors de sa réception à l'Élysée, le ministre François Missoffe demanda à de Gaulle ce qu'il pensait de la séduisante épouse du chef d'État africain. Il répondit :

– **Elle est mignonne à croquer.**

⁂

Lors d'une séance du conseil des ministres, le garde des Sceaux, Jean Foyer, rendait compte de l'état déplorable des prisons françaises, insistant particulièrement sur le manque de loisirs des détenus et la piètre qualité de la nourriture. De Gaulle ironisa :

– **Heureusement, ils peuvent s'évader.**

⁂

En visite dans la commune de Noisiel, en Seine-et-Marne, dont le fleuron local, la chocolaterie Menier, venait de mettre la clé sous la porte, il eut un entretien avec le maire. Ce dernier sollicita son aide :

– Mon général, il me faudrait une aide de l'État : la chocolaterie vient de fermer, j'ai huit cents personnes à recaser.

– **Je note cela sur mes tablettes.**

⁂

Pendant la révolution culturelle chinoise, les murs de Pékin furent recouverts d'affiches hostiles au général de Gaulle où celui-ci était traité de « chien d'Occidental ». Quand un de ses collaborateurs le lui rapporta, il déclara :

– **C'est bien la première fois que je me fais traiter de chien par des Pékinois.**

⁂

Le 28 avril 1969, il démissionna de la présidence de la République, entraînant l'organisation d'une nouvelle élection. Apprenant que la SFIO avait désigné comme candidat le maire de Marseille, Gaston Defferre, il fit ce commentaire :

– **C'est Marius qui veut succéder à César.**

⁂

Théophile GAUTIER

1811-1872

Écrivain et poète

Le poète Émile Bergerat vint lui demander la main de sa fille, Estelle. Tenant à jouer cartes sur table, le prétendant lui révéla que sa mère vivait maritalement avec un prêtre. Gautier lui répondit tout sourire :

– **Mais avec qui de plus honorable voudriez-vous qu'elle vécût ?**

⁂

Félicité de GENLIS

(Stéphanie Félicité du Crest de Saint-Aubin)

1746-1830

Femme de lettres

Devant ses amies, une comédienne aussi belle que sotte se lamentait d'être constamment assaillie par ses nombreux admirateurs. Comme elle feignait de chercher un moyen de les éloigner, elle lui fit cette suggestion :

– **Vous n'avez qu'à parler.**

⁂

François GERBAUD

1927-2010

Homme politique

En décembre 2002, le duc Josselin de Rohan prit la présidence du groupe UMP au Sénat, tandis que la vice-présidence fut confiée au marquis Henri de Raincourt et à Xavier Galouzeau de Villepin. Il fit remarquer à cette occasion :

– **Ce n'est plus un groupe politique, c'est un accélérateur de particules.**

⁂

Polyxène Marie Mauricette GESLIN DE BOURGOGNE

1790-1878

Comtesse de Tréveneuc

De passage à Paris durant la révolution de 1848, elle osa sortir un jour dans une voiture qui portait ses armoiries. Conspuée, elle fut rapidement stoppée devant une barricade, provoquant un attroupement. Une ouvrière exaltée ramassa une poignée de boue qu'elle frotta sur les panneaux de la voiture avant de lui dire :

– Vois-tu ce que je fais de tes armes ?

– **Oui, je le vois bien : j'avais tout à l'heure mes armoiries sur ma voiture, et vous venez d'y mettre les vôtres.**

⁂

Edward GIBBON

1737-1794

Historien britannique

Il faisait la cour à Elizabeth Cavendish, en concurrence avec un médecin français. Ce dernier claironna :

– Quand Milady tombera malade à cause de vos fadaises, je la guérirai.

– **Et quand Milady décédera à cause de vos ordonnances, je l'immortaliserai.**

Jean GIONO

1895-1970

Écrivain

Lors d'une interview, Pierre Béarn lui demanda :

– Les romans-fleuves sont à la mode, pourquoi n'en écrivez-vous pas ?

– **J'aurais trop peur de m'y noyer.**

Marc-Antoine GIRARD DE SAINT-AMANT

1594-1661

Poète. Membre de l'Académie française

Durant l'un de ses nombreux voyages, il croisa un homme qui avait les cheveux complètement noirs alors que sa barbe était blanche. Comme ses compagnons s'étonnaient de cette curiosité, il suggéra :

– **Il y a lieu de croire que monsieur fatigue beaucoup plus de la mâchoire que du cerveau.**

⁂

Jean GIRAUDOUX

1882-1944

Écrivain

L'éditeur Bernard Grasset le pressait de faire des démarches auprès des membres de l'académie Goncourt pour essayer de faire couronner son dernier roman. Il protesta :

– **J'ai passé l'écrit, à ton tour de passer l'oral.**

⁂

Lors d'une promenade à la campagne, il se disputa avec son épouse. Alors qu'ils passaient devant un pré où broutait un âne, sa femme lui lança en désignant l'animal :

– Tiens, voici un de tes parents.

– **Oui, par alliance.**

⁂

Le 6 mai 1932, le président de la République, Paul Doumer, fut assassiné par un déséquilibré. Ayant tenté de s'interposer, l'écrivain Claude Farrère fut atteint par deux balles. Lorsque Giraudoux entendit que son confrère avait été blessé à la tête, il déclara :

– **Rien d'essentiel n'a été atteint.**

Christoph Willibald von GLUCK

1714-1787

Compositeur allemand

Alors qu'il passait dans la rue Saint-Honoré, il brisa par inadvertance le carreau d'une boutique et dédommagea aussitôt le marchand en lui donnant un écu. Comme le carreau cassé était d'une valeur de trente sous, le commerçant lui proposa de l'attendre, le temps d'aller faire de la monnaie au-dehors. Gluck cassa alors un deuxième carreau et avisa le marchand :

– **C'est inutile, je viens de compléter la somme.**

Paul GODET DES MARAIS

1647-1709

Évêque de Chartres

La protection dont il bénéficiait de la part de Mme de Maintenon, favorite de Louis XIV, inspira un mot d'esprit.

Durant son épiscopat, il procéda au redécoupage du diocèse de Chartres et se vit pour cela intenter un procès par plusieurs chanoines. Après qu'ils eurent été déboutés, l'un d'eux reconnut :

– **Comment aurions-nous pu gagner ? Nous avions contre nous le roi, la dame et le valet.**

Samuel GOLDWYN

(Schmuel Gelbfisz)

1879-1974

Producteur de cinéma américain

D'un caractère tyrannique proverbial, Goldwyn se fit un jour remettre vertement à sa place.

Vers la fin de sa vie, il se disputa violemment avec l'un de ses collaborateurs et finit par déclarer :

– Soyez patient, je suis vieux et malade, bientôt vous pourrez venir danser sur ma tombe.
– **Pas de danger, j'ai horreur de faire la queue.**

Edmond GONDINET

1828-1888

Dramaturge

Après avoir appris que deux chirurgiens venaient de se battre à mort en duel, il soupira :

– **Voilà que nous ne leur suffisons plus…**

⁂

Élie de GONTAUT-BIRON

1817-1890

Homme politique et diplomate

Il se retrouva au tribunal pour avoir traité publiquement une dame de « dinde ». Le juge l'ayant condamné pour injure, il protesta contre le verdict et demanda au magistrat si, à l'inverse, il aurait été condamné pour avoir dit « madame » à une dinde. Le juge lui assurant que dans ce cas l'injure ne pourrait être retenue, il se retourna alors vers la plaignante et lui dit d'un ton affecté :

– **Au revoir, « madame ».**

⁂

Frédéric II de GONZAGUE

1500-1540

Duc de Mantoue

Son mécénat pour les artistes de la Renaissance fut à l'origine d'un mot d'esprit.

Étonné de découvrir qu'un peintre dont les tableaux étaient fort beaux avait des enfants très laids, il en demanda la raison à l'artiste. Celui-ci lui donna cette réponse :

– **C'est parce que je fais mes tableaux le jour et mes enfants la nuit.**

Mikhaïl GORBATCHEV

Né en 1931

Dirigeant de l'URSS de 1985 à 1991

Un journaliste le questionnait au sujet du président russe Boris Eltsine :

– Est-il exact qu'il n'est lucide que deux heures par jour ?

– **Oui, mais pas tous les jours.**

Émile GOUDEAU

1849-1906

Poète et journaliste

Sur son lit de mort, on lui annonça que ses amis venaient prendre de ses nouvelles. Il leur fit transmettre ce message :

– **Attendez-moi au café et commencez un bridge. Je fais le mort.**

⁂

Charles GOUNOD

1818-1893

Compositeur

Il avait été invité à dîner chez un couple dont la fille apprenait le chant sous la direction d'un professeur renommé. Lorsqu'au dessert celle-ci se mit à chanter, son père s'empressa de demander à Gounod :

– Qu'en pensez-vous, maître ? Son professeur dit qu'elle ira loin.

– **Ah oui ? Et quand part-elle ?**

⁂

Francisco de GOYA

(Francisco José de Goya y Lucientes)

1746-1828

Peintre espagnol

Dans une exposition, un visiteur s'extasiait devant une toile de médiocre qualité :

– Comme c'est beau ! Vraiment, ce peintre peint comme il respire.

– **Il doit donc être asthmatique.**

⁂

Léon GOZLAN

1803-1866

Écrivain

Désireux d'entrer à l'Académie française, il rendit visite à un immortel. Celui-ci le rabroua sèchement :

– Vous n'aurez pas ma voix.

– **Pourvu alors que j'aie votre fauteuil...**

⁂

Antoine de GRAMONT

1604-1678

Maréchal de France

Le maréchal de Matignon n'était pas réputé pour son intelligence. Durant une partie de cartes, Gramont commit une erreur stupide et pesta contre lui-même :

– Morbleu, j'ai joué comme un Matignon !

Matignon, qui se trouvait juste derrière lui, entendit l'allusion et lui lança :

– Vous êtes un sot, monsieur.
– **C'est bien ce que je voulais dire.**

Philibert de GRAMONT

1621-1707

Militaire et écrivain. Demi-frère du précédent

Il croisa un jour à la cour un riche bourgeois qui venait d'obtenir le titre de marquis. Ce dernier le salua avec arrogance :

– Bonjour, vieux comte.
– **Bonjour, jeune marquis.**

Alexandre Balthazar Laurent GRIMOD DE LA REYNIÈRE

1758-1837

Journaliste et gastronome

Durant un dîner, il surprit l'un de ses invités en train de remplir discrètement sa poche de dessert. Il versa alors une carafe d'eau dans la poche du pique-assiette en chuchotant :

– **Elle a bien assez mangé pour boire un coup.**

Jules GUESDE (Jules Bazile)

1845-1922

Homme politique

À l'Assemblée, le député monarchiste Albert de Mun, partisan du catholicisme social, déclarait du haut de la tribune :

– Mes amis et moi, nous aimons l'ouvrier.

De Mun ayant appartenu à l'armée de Versailles qui réprima avec force la Commune de Paris en 1871, Guesde riposta de son banc :

– **Vous l'aimez saignant !**

Karl Gottlieb GUICHARD

1724-1775

Historien allemand

En 1757, juste avant la bataille de Rossbach, Frédéric II lui confia :

– Si je perds cette bataille, je me rendrai à Venise où je vivrai en exerçant la médecine.

– **Toujours assassin, sire ?**

⁂

Lucien GUITRY

1860-1925

Comédien

Chez un chapelier, il essayait des couvre-chefs en compagnie de sa maîtresse, l'actrice Berthe Bady. L'un d'eux ne fut pas du tout du goût de la jeune femme qui lui confia :

– Avec celui-là, tu as l'air d'un vieux maquereau.

Il rendit alors le chapeau au commerçant en lui faisant savoir :

– **Madame trouve qu'il me vieillit.**

⁂

Comme il avait la particularité de placer de très longs silences entre ses répliques, un admirateur lui confia :

– Quand vous dites le texte, c'est merveilleux. Mais c'est dans les silences que vous êtes particulièrement admirable.
– **C'est parce que les silences sont de moi.**

*

Un de ses amis, fort bavard mais peu sagace, s'était lancé dans un véritable monologue lorsqu'il dit :

– Moi, je parle comme je pense.
– **Oui, mais plus souvent.**

*

Lors d'une violente dispute avec sa fiancée, Marthe Brandès, il lui infligea une gifle magistrale. Médusée, la jeune femme se mit à crier :

– Au secours !

Il répliqua alors d'une voix suave :

– **Ne crains rien, je suis là.**

*

Il était en discussion avec un administrateur qu'il suspectait de l'escroquer. Ce dernier s'en défendit vigoureusement :

– Mon cher ami, sachez que notre comptable est un parfait honnête homme.
– **En effet, je le crois incapable du moindre calcul.**

*

Un de ses parents qu'il appréciait fort peu venant de décéder, il accompagnait le convoi funéraire sous une chaleur étouffante. Après une heure de marche éreintante, il se tourna vers son fils et soupira :

– **Je commence à le regretter.**

⁂

De passage à Arles, il aperçut deux nains qui se croisèrent au milieu de la grande place. Comme les deux hommes se mirent à bavarder, un de ses amis lui fit part de son étonnement :

– Je me demande ce qu'ils peuvent bien se dire.
– **« Comme le monde est petit… »**

⁂

Pendant une représentation, sa partenaire, Gabrielle Dorziat, écorcha un mot de sa réplique :

– J'ai pris un lièvre dans la bibliothèque.
– **Belle chasse !**

⁂

Il reçut un soir dans sa loge la visite d'un raseur dont il déclinait depuis des mois les invitations à dîner. Pris au dépourvu, il accepta finalement de se rendre chez lui le jeudi suivant. Mais dès que son visiteur eut quitté la loge, il s'empressa de dicter à son secrétaire :

– Vous écrirez à cet imbécile que je ne peux pas dîner avec lui jeudi.

À peine venait-il de prononcer cette phrase qu'il aperçut dans sa glace le visage décomposé du raseur qui était revenu dans la loge chercher son parapluie. Il sauva la situation en ajoutant :

– **Puisque jeudi je dîne avec monsieur.**

⁂

À la fin de la Première Guerre mondiale, il s'entretenait avec Henri Hertz, directeur du Théâtre de la Porte Saint-Martin, avec lequel il était un peu en froid. Ce dernier, cherchant à renouer les liens, lui révéla :

– Vous savez j'ai été acteur moi aussi. La dernière fois que j'ai joué, c'était à Reims.
– **Reims, ville martyre déjà…**

Une autre fois, Henri Hertz lui télégraphia :

– Sacha vient de me demander de l'argent. Dois-je marcher ?
– **Sur la pointe des pieds.**

Impliqué dans une affaire de drogue, son second fils, Jean, dut se cacher de la police pour éviter la prison. Un jour, il reçut la visite d'un vieil ami qui lui demanda en toute candeur :

– Et ce cher Jean, qu'est-ce qu'il devient ?
– **Il prépare Centrale.**

Sacha GUITRY

1885-1957

Dramaturge, réalisateur et comédien. Fils du précédent

Alors qu'il jouait une de ses pièces à Londres, il reçut à l'entracte la visite du roi d'Angleterre, George V. N'osant pas interrompre le roi qui le pressait de questions tandis que le public s'impatientait, il finit par trouver cette parade :

– **Sire, je crois qu'il va falloir que je rentre en scène, on me fait signe que Sa Majesté va regagner sa place, il ne faut pas la faire attendre.**

*

Durant une représentation de *La Prise de Berg-Op-Zoom*, il fut victime d'une blague de la part de ses amis : au moment de la scène d'amour, la pendule qui devait sonner onze coups en égrena trente-six. Sa partenaire dans les bras, il dut écouter la fin de l'interminable carillon avant d'improviser cette réplique :

– **Comme il est tard…**

*

Dans le métro, il faisait face à une jeune fille qui avait remonté sa jupe et croisait les jambes de manière fort suggestive. Mal à l'aise, il lui demanda :

– **Mademoiselle, j'espère que cela ne vous ennuie pas que je garde mon pantalon ?**

*

Sa première épouse, Charlotte Lysès, lui disait :

– Je t'aime. Et toi ?
– **Moi aussi. Je m'aime.**

*

Il rendit visite un soir à son ami Jean Cocteau, connu pour son homosexualité. Lorsqu'il sonna, un majordome fort distingué lui ouvrit et s'enquit aussitôt :

– Je présume que c'est pour le maître ?
– **Ah non, moi c'est juste pour le voir.**

*

Dans un restaurant où le choix des plats était des plus réduits, un de ses amis lui demandait :

– Alors, comment trouves-tu le menu ?
– **Très menu.**

*

Apercevant une séduisante vendeuse, il lui proposa de lui acheter un baiser pour mille francs. Celle-ci accepta et s'exécuta. Il lui annonça alors :

– **Tout compte fait c'est un peu cher. Je préfère vous le rendre.**

*

Une de ses maîtresses, avec laquelle il venait juste de rompre, était au désespoir et le supplia :

– Dis-moi au moins qu'un jour tu me reviendras…
– **Un jour peut-être, mais pas plus.**

*

En 1924, il accueillit l'élection à l'Académie française du romancier Georges Lecomte par ce commentaire :

– **Désormais ses livres seront d'un ennui immortel.**

⁂

Quelqu'un se faisait l'écho d'une rumeur :

– On raconte que vous êtes pédéraste…
– **Accusation sans fondement !**

⁂

À l'issue d'un dîner, il raccompagna ses convives sur le perron en leur présentant une luxueuse cave à cigares. L'un des invités, fort culotté, en prit cinq qu'il fourra dans sa poche, avant d'ajouter :

– C'est pour la route.
– **Merci d'être venu d'aussi loin.**

⁂

Un poseur proclamait pompeusement :

– Voilà trente ans que je ne cesse de répéter que ce qui compte ce sont les actes. Les mots ne coûtent rien.
– **On voit que vous n'avez jamais envoyé de télégramme.**

⁂

Il prêta un livre à un individu très peu soigneux qui le lui rendit les pages froissées et tachées de graisse. Il adressa alors un colis au malotru dans lequel il avait emballé un hareng saur et qu'il accompagna de ce mot :

– **Je vous remercie de m'avoir rendu mon livre et j'en profite pour vous retourner le marque-page que vous aviez oublié à l'intérieur.**

⁂

En 1937, il fut choisi comme témoin lors du mariage de la chanteuse Mireille et de l'écrivain Emmanuel Berl. Après avoir décliné son identité, l'officier d'état civil lui demanda, comme c'était d'usage à l'époque, s'il avait été décoré. Guitry désigna du doigt sa rosette de commandeur de la Légion d'honneur accrochée au revers de son veston, et répondit :

– **Je croyais avoir mis un pense-bête.**

⁂

En 1939, il divorça de sa troisième épouse, Jacqueline Delubac. Celle-ci s'étant installée chez sa mère qui habitait juste en face de chez lui, il fit ce commentaire :

– **Nous fûmes longtemps côte à côte, puis dos à dos, et maintenant nous voici face à face.**

⁂

Incarcéré à Drancy à la Libération pour collaboration, il vit débarquer sa première épouse, Charlotte Lysès. Il soupira alors :

– **Un malheur n'arrive jamais seul.**

⁂

Lorsqu'en 1945 s'éteignit Joseph Pujol, le célèbre Pétomane, il déclara en guise d'oraison funèbre :

– **C'est la fin des haricots.**

⁂

Une féministe l'accusait de misogynie :

– Vous êtes contre les femmes.

– **Oui. Tout contre.**

⁂

Alors qu'il était convié à un grand dîner mondain, il laissa échapper une bruyante flatulence dans un moment de silence. Il s'inclina courtoisement vers une dame très collet monté qui était assise à côté de lui et dit suffisamment haut pour que tout le monde l'entende :

– **Ne vous inquiétez pas, madame, je dirai que c'est moi.**

⁂

Souffrant, il reçut la visite d'un ami qui crut bon de le complimenter :

– Tu as bonne mine.
– **Ce n'est pas à la mine que j'ai mal.**

⁂

Un autre vint le voir pour s'enquérir de sa santé :

– Comment te portes-tu ?
– **On me porte…**

⁂

Alors qu'il était très malade, il reçut la visite de son fidèle compère, l'auteur d'opérettes Albert Willemetz. Fort affecté, celui-ci ne parvint pas à le réconforter et lui avoua :

– C'est affreux pour un vieil ami comme moi de te voir ainsi.
– **Eh bien, fâchons-nous sur-le-champ.**

⁂

À la fin de sa vie, il se déplaçait en fauteuil roulant. À un visiteur qui lui demandait comment il allait, il répondit :

– **Comme sur des roulettes.**

⁂

De nombreux journalistes cherchèrent à obtenir sa dernière interview. L'un d'eux tenta l'introduction suivante :

– Je sais que votre temps est précieux mais…

Il mit immédiatement fin à l'entretien :

– **Non, mon temps est compté.**

⁂

Sa tendance à changer régulièrement d'épouse suscita un mot d'esprit.

Le 25 novembre 1949, il se maria pour la cinquième fois et épousa l'actrice Lana Marconi. Il reçut pour l'occasion le télégramme suivant :

– **Félicitations. Stop.**

⁂

Otto de HABSBOURG-LORRAINE

1912-2011

Prétendant aux trônes d'Autriche et de Hongrie

Un journaliste sportif lui demanda son pronostic pour le match de football Autriche-Hongrie. Il ironisa :

– **Contre qui ?**

⁂

HADRIEN

76-138

Empereur romain de 117 à 138

Un citoyen de Rome se présenta devant lui pour solliciter une grâce. Celle-ci lui ayant été refusée, le quémandeur fut persuadé que son échec était dû à son grand âge. Il décida donc de renouveler sa requête après avoir teint ses cheveux blancs en noir. Lorsqu'il implora à nouveau Hadrien, celui-ci le reconnut malgré le déguisement et lui fit savoir :

– **Mon ami, je ne puis pas t'accorder ce que tu me demandes, je l'ai déjà refusé à ton père.**

Geneviève HALÉVY

1849-1926

Salonnière. Épouse de Georges Bizet

Avec son second époux, l'avocat Émile Straus, elle avait été conviée chez une femme qu'elle présumait être sa maîtresse. Lorsque cette dernière lui proposa un nuage de lait pour accompagner son thé, elle répondit :

– **Un nuage ? Non, plutôt un soupçon.**

Achille III de HARLAY

1639-1712

Premier président du parlement de Paris

La veuve d'un marchand de vins se présenta à l'audience avec un magnifique habit et une jupe couverte de gros galons d'or cousus en cercles. Il fit ce commentaire :

– **Voilà de bien beaux cerceaux pour une vieille futaille.**

*

La répartie d'un quidam le laissa bouche bée.

Il reçut un jour la visite d'un paysan qui avait intenté un procès et était venu lui demander que son affaire soit réglée rapidement. Peu disposé à accélérer la procédure, il lui rétorqua :

– Mon ami, ton affaire est tellement embrouillée que je n'y vois goutte.

Comprenant qu'il attendait un dessous-de-table, le paysan tira de sa poche deux écus et les lui présenta en ajoutant :

– **Tenez, monsieur, voici une paire de bésicles.**

*

Gerhart HAUPTMANN

1862-1946

Dramaturge allemand. Prix Nobel de littérature

Un jeune auteur lui soumit un recueil de très mauvais poèmes, en lui précisant qu'il ne les publierait qu'après sa mort. Hauptmann lui adressa cette courte réponse :

– **Longue vie !**

⁂

Adrien HÉBRARD

1833-1914

Journaliste et député

Alors qu'il dirigeait le journal *Le Temps*, un journaliste vint le trouver à son bureau et lui demanda :

– Pourquoi dites-vous à tout le monde que je suis un imbécile ?

– **Excusez-moi, je ne savais pas que vous vouliez garder la chose secrète.**

⁂

Un Marseillais lui annonçait qu'il venait de tomber plus d'un mètre de neige dans sa ville. Circonspect, il demanda :

– **En largeur ?**

⁂

Dans un salon, on parlait d'une dame qui avait dépassé la cinquantaine et qui continuait à faire commerce de ses charmes. Comme on regrettait qu'elle ait perdu toute sa fraîcheur, un convive la défendit en faisant de l'esprit :

– N'oubliez pas qu'elle exerce le plus vieux métier du monde !

– **Alors elle doit être l'un des membres fondateurs.**

⁂

En 1908 décédait la comtesse de Loynes, une salonnière mondaine aux mœurs légères. Son amant, l'académicien Jules Lemaître, n'arrivant pas à se remettre de sa disparition, il fit ce commentaire :

– **Qu'il se console : il la retrouvera dans un demi-monde meilleur.**

⁂

HENRI IV

1553-1610

Roi de France de 1589 à 1610

En avril 1591, il assiégea Chartres et se rendit maître de la cité en quelques jours. Lorsqu'il y fit son entrée, le premier magistrat l'accueillit par une longue harangue qu'il termina en disant :

– Je reconnais que la ville est assujettie au roi par le droit divin et le droit humain.

Le roi qui avait pris la ville par les armes répliqua :

– **Ajoutez par le droit canon.**

⁂

Traversant l'une de ses bonnes villes, il y fit halte pour écouter le discours d'un notable local qui n'en finissait pas. Lorsqu'un braiment d'âne se fit entendre, il s'écria :

– **Allons, ne parlez pas tous à la fois.**

*

Une autre fois, il fut accueilli par le maire d'une petite ville qui prononça un discours en son honneur :

– Sire, la joie que nous avons de recevoir Votre Majesté est si grande que… que…

Comme l'orateur était incapable de trouver ses mots, il vint à sa rescousse en ajoutant :

– **Que vous ne pouvez l'exprimer !**

*

Apercevant de sa fenêtre un de ses aumôniers qui serrait d'un peu trop près une dame de la cour, il le fit aussitôt appeler pour dire la messe. Le prêtre s'excusa en disant qu'il venait de « manger du fruit », s'attirant cette réplique du roi :

– **C'est donc pour cela que vous donniez de si rudes secousses à l'arbre ?**

*

Ses déplacements dans son royaume et ses rencontres avec ses sujets furent également source de plusieurs mots d'esprit.

Un jour, il découvrit qu'un paysan avait les cheveux entièrement blancs alors que sa barbe était noire. Comme il s'en étonnait, l'intéressé expliqua :

– **Sire, c'est tout simplement que mes cheveux sont de vingt ans plus vieux que ma barbe.**

*

Un jour où il fit halte pour dîner dans un village, les notables locaux assirent juste en face de lui un certain Gaillard dont les bons mots faisaient s'esclaffer tous les villageois. Le roi voulut immédiatement tester son esprit :

– Peux-tu me dire, l'ami, la différence entre « gaillard » et « paillard » ?

– **Sire, il n'y a que la table entre eux !**

*

Alors qu'il était en train de ceindre un baudrier à un paysan qu'il venait d'anoblir, ce dernier, bouleversé par l'événement, ne put retenir une bruyante flatulence. Le roi et ses courtisans furent à la fois surpris et outrés, mais le nouveau noble parvint à faire bonne figure grâce à cette excuse qui fit rire toute l'assemblée :

– **Sire, il fallait bien que la roture sortît par quelque endroit.**

*

Oliver HERFORD

1860-1935

Écrivain américain

Il voyageait en autobus, son neveu assis sur ses genoux, lorsqu'une jeune femme monta à bord. Le véhicule étant bondé, cette dernière ne trouva aucune place et dut rester debout. Il dit alors à son neveu :

– **Mon petit, voudrais-tu te lever et donner ta place à la dame ?**

*

Raymond HESSE

1884-1967

Avocat

Alors qu'il était en vacances, il reçut d'un de ses clients le télégramme suivant :

– La justice a triomphé.

Il lui transmit cette réponse :

– **Faites appel.**

⁂

Alfred HITCHCOCK

1899-1980

Cinéaste britannique

Georges Simenon était connu pour écrire ses livres à une vitesse fulgurante. Un jour, Hitchcock lui téléphona. C'est sa secrétaire qui lui répondit :

– Impossible de vous le passer, il vient tout juste de commencer un roman.

– **Qu'à cela ne tienne, je vais patienter pendant qu'il le termine.**

⁂

En 1943, sur le tournage du film *Lifeboat*, l'actrice Mary Anderson, soucieuse de montrer l'ampleur de son talent, lui demanda :

– Je vous en prie, dites-moi quel est mon meilleur profil.

– **Oh très chère, vous êtes assise dessus.**

⁂

Arsène HOUSSAYE

(Arsène Housset)

1814-1896

Écrivain

Le poète Émile Deschamps se présenta à plusieurs reprises à l'Académie française sans jamais y être élu. Comme son nombre de suffrages diminuait scrutin après scrutin, Houssaye nota :

– **Il va mourir d'une extinction de voix.**

*

Catherine HUBSCHER

1753-1835

Duchesse de Dantzig

Un soir où elle s'était parée de diamants, elle fut complimentée par Napoléon qui lui glissa à l'oreille :

– Comme vous êtes belle, madame la duchesse.

Pensant que la remarque de l'empereur, connu pour sa goujaterie, était ironique, elle répliqua, en allusion à la taille du souverain :

– **Oh, sire, comme Votre Majesté est grande.**

*

Victor HUGO

1802-1885

Écrivain. Membre de l'Académie française

Le 30 janvier 1853, l'empereur Napoléon III épousait Eugénie de Montijo, princesse âgée de 27 ans. Cet événement lui inspira ce commentaire :

– **L'aigle épouse une cocotte.**

⁂

Lors d'une réception officielle, la comédienne Augustine Brohan désira le présenter à un diplomate russe nommé Kisselev. La conversation terminée, elle lui confia :

– J'aime beaucoup ce monsieur Kisselev.

– **Moi je préfère madame « Qui s'couche » !**

⁂

Après avoir entendu à l'Académie française l'éloge du président André Dupin qu'on disait corrompu, il rétorqua :

– **Je savais qu'on pouvait l'acheter, mais j'ignorais qu'on pouvait le louer.**

⁂

Une dame avec laquelle il se montrait un peu trop entreprenant n'hésita pas à le tancer :

– Je ne vous permets pas. Vous m'avez pris la taille !

– **Moi, madame ? Fouillez-moi.**

⁂

Eugène IONESCO

(Eugen Ionescu)

1909-1994

Dramaturge. Membre de l'Académie française

En 1950, il présenta sa première pièce : *La Cantatrice chauve*. Celle-ci n'attira guère de monde. Un curieux le questionnait :

– Tenez-vous un rôle dans votre pièce ?

– **Oui, celui du public.**

⁂

Marius JACOB

1879-1954

Anarchiste

Durant son procès en 1905, il apprit le décès en prison de son ami Royère dont il clama aussitôt l'innocence. Le président lui signala :

– S'il y a une erreur judiciaire, sa famille pourra obtenir une révision et une réhabilitation.

– **Une résurrection ferait bien mieux son affaire.**

⁂

Alfred JARRY

1873-1907

Écrivain et dessinateur

Il avait disposé sur sa cheminée un monumental phallus de pierre. Un jour, une dame de lettres qu'il avait conviée l'interrogea sur cet insolite objet :

– C'est une reproduction ?

– **Que non, madame, c'est une réduction.**

*

Attablé dans un café non loin d'une jeune femme, il se leva brusquement, prit son pistolet et tira dans un miroir qui vola en éclats, affolant la clientèle. Avec flegme, il se tourna alors vers la belle dame et lui dit :

– **Maintenant que la glace est rompue, causons.**

*

JEAN II LE BON

1319-1364

Roi de France de 1350 à 1364

Il fut mouché avec brio par un de ses soldats.

Durant une marche, son armée se mit à entonner la célèbre *Chanson de Roland*. Mélancolique, il fit part de son regret :

– Il y a longtemps qu'on ne trouve plus de Roland parmi les Français.

Un vieux capitaine riposta aussitôt :

– **Il s'en trouverait encore s'ils avaient un Charlemagne à leur tête.**

*

JEAN XXIII

(Angelo Giuseppe Roncalli)

1881-1963

Pape de 1958 à 1963

À un journaliste qui lui demandait combien de personnes travaillaient au Vatican, il répondit :

– **Environ la moitié.**

⁂

Henri JEANSON

1900-1970

Scénariste et dialoguiste

Mécontent d'une de ses critiques, le metteur en scène Fritz Lang l'assigna par courrier pour lui réclamer un million de dollars. Une coquille ayant changé dans sa lettre les « dollars » en « mollars », Jeanson adressa cette réponse :

– **Je ne refuserai pas de cracher au bassinet : je paierai même en salive sterling.**

⁂

Une jeune comédienne qui venait d'apercevoir la couverture du livre *Les Derniers Jours de Pompéi* lui demandait :

– De quoi est-il mort ?
– **Des suites d'une éruption.**

⁂

On lui annonçait que Fernandel allait être la vedette d'un film portant sur l'amitié entre un homme et un cheval. Il observa :

– **Et qui jouera l'homme ?**

*

Lors d'un cocktail, il déclara à une jeune comédienne :

– Comme le champagne vous rend belle, mademoiselle.
– Mais je n'en ai pas bu !
– **Vous pas, mais moi oui.**

*

On parlait d'un journaliste dont les articles étaient redoutés pour leur virulence. Quelqu'un prit sa défense :

– Depuis la mort de sa femme, il a cessé de tremper sa plume dans du vitriol…
– **Il n'écrit plus qu'au « stylo-bile ».**

*

Un obscur auteur dramatique qu'il avait sévèrement étrillé dans un article tenta de se venger en l'agressant à la terrasse d'un café. Présent lors de l'incident, un policier lui demanda s'il désirait déposer plainte. Il répondit :

– **Oui : contre inconnu.**

*

Douglas William JERROLD

1803-1857

Dramaturge et écrivain britannique

On lui demandait :

– Que préférez-vous entre la France et l'Angleterre ?
– **La Manche !**

Samuel JOHNSON

1709-1784

Écrivain britannique

Durant le concert d'un violoniste célèbre, il répliqua à un homme lui faisant remarquer que la partition jouée était particulièrement difficile :

– **Difficile ? Je souhaiterais que ce fût impossible.**

JOSEPH II

1741-1790

Empereur germanique de 1765 à 1790

Il aimait voyager incognito en se faisant passer pour un simple valet. Un jour, durant l'un de ses périples, il était en train de se raser dans sa chambre d'auberge, lorsque la servante qui venait lui apporter de l'eau chaude le questionna :

– Dites-moi, monsieur, on dit que vous êtes de la maison de notre Empereur. Qu'est-ce que vous y faites ?

Il se retourna, la langue encore barbouillée de savon, et répondit :

– **J'ai l'honneur de le raser.**

Louis JOUVET

1887-1951

Comédien

Sa maîtresse lui proposait :

– Louis, nous pourrions peut-être nous marier. Qu'en penses-tu ?

– **Nous marier, nous ? Avec qui ?**

Avant l'un de ses cours au Conservatoire national supérieur d'art dramatique, l'un de ses élèves chuchota à ses camarades en le voyant arriver :

– Attention, voilà le patron, avec ses écrase-merde.

L'ayant entendu, il répliqua :

– **Justement, fais attention, p'tit gars. J'arrive !**

⁂

Walter KAPPS

1907-1975

Réalisateur

Joueur invétéré, l'acteur Jules Berry lui confiait, d'un air dépité :

– Je viens de perdre un ami.
– **À quel jeu ?**

⁂

Alphonse KARR

1808-1890

Écrivain et journaliste

Tandis qu'il marchait sur la place de Saint-Raphaël, il fut abordé par deux hommes qui lui demandèrent la route de Fréjus. Après qu'il leur eut indiqué la bonne direction, l'un des deux individus le remercia et se présenta comme l'évêque de Fréjus. Karr fit alors ce commentaire :

– **Croyez bien, monseigneur, que c'est la première fois que je remets un évêque dans le droit chemin.**

⁂

Alors qu'il assistait à une pièce de théâtre, une dame vint s'asseoir à côté de lui avant de s'excuser presque aussitôt :

– Oh, je suis vraiment désolée, je me suis assise sur votre lorgnette.

– **Rassurez-vous, madame, elle en a vu d'autres...**

*

Edmund KEAN

1789-1833

Comédien britannique

Il reçut un jour la visite d'un jeune acteur persuadé d'avoir du talent et qui déclama lamentablement quelques vers devant lui. Après l'avoir entendu, il lui demanda quel rôle il avait interprété auparavant. Le comédien précisa :

– J'ai joué le rôle d'Abel.

– **Cela devait être Caïn, car je suis sûr que vous avez massacré Abel.**

*

Robert KEMP

1879-1959

Journaliste et écrivain. Membre de l'Académie française

Lors d'une réunion d'écrivains, on débattait de l'œuvre d'un auteur à gros tirages. Un de ses collègues sollicita son avis :

– Comment qualifieriez-vous son style ?
– **Je ne le qualifie pas, je le disqualifie.**

⁂

Un soir, il arriva en retard à une représentation. On lui indiqua sa place en le prévenant :

– Entrez, mais ne faites pas de bruit.
– **Ah ? Tout le monde dort déjà ?**

⁂

John Fitzgerald KENNEDY

1917-1963

Président des États-Unis de 1961 à 1963

La répartie d'un de ses administrés le laissa sans voix.

Alors qu'il s'entretenait à la Maison Blanche avec un homme d'affaires préoccupé par les remous des marchés financiers, il tenta de rassurer son interlocuteur :

– Tout va bien, croyez-moi. Si je n'étais pas président des États-Unis, j'achèterais des actions sans hésiter.
– **Si vous n'étiez pas président… moi aussi !**

⁂

Rudyard KIPLING

1865-1936

Écrivain britannique. Prix Nobel de littérature

En lisant un journal, il eut la surprise de découvrir son nom dans la rubrique nécrologique. Il envoya immédiatement ce message à la rédaction :

– **Puisque je suis mort, n'oubliez pas de me radier de votre liste d'abonnés.**

*

Félix KIR

1876-1968

Chanoine. Député-maire de Dijon

Il croisa un libre-penseur qui l'apostropha :

– Sachez que si je ne mets jamais les pieds dans votre église, c'est qu'elle est pleine d'hypocrites.

– **Oh, alors ne vous inquiétez pas pour ça, nous nous serrerons !**

*

Alors qu'il prenait le train en direction de Paris, trois jeunes installés dans son compartiment, raillèrent sa façon de rouler les « r » :

– Alors monsieur le chanoine, on va à « Parrris », avec trois « r » ?

– **Non, avec trois ânes.**

*

Ses mots d'esprit inspirèrent également ses interlocuteurs.

Un jour, il fut convié par des vignerons du Haut-Valais pour déguster un vin blanc sec appelé « le Païen ». Son verre à la main, il déclara, plein d'enthousiasme :

– Je vais donner à ce païen une sépulture ecclésiastique.

L'un des vignerons ajouta :

– **En tout cas, on vous interdit de le baptiser auparavant.**

⁂

Gérard KLEIN

Né en 1942

Acteur et animateur

Il interviewait la journaliste Anne Gaillard qui animait une émission de radio où elle défendait inlassablement les droits des consommateurs, avec hargne et pugnacité. Désirant montrer qu'elle était une femme comme les autres, l'animatrice assura :

– Si vous voulez le savoir, je peux même vous dire que je suis mariée.

– **Contre qui ?**

⁂

Madame de LA BAUME

(Catherine de Bonne)

1630-1692

Dame d'honneur d'Anne d'Autriche

En 1669, elle présenta à Louis XIV son fils, le comte de Tallard, et sollicita pour lui la lieutenance du roi dans le Lyonnais. Le comte n'étant âgé que de 17 ans, le souverain s'y opposa, pointant sa trop grande jeunesse. Mais la marquise insista et fit valoir cet argument :

– **Sire, n'opposez point à mon fils un défaut dont il se corrige tous les jours.**

⁂

Eugène LABICHE

1815-1888

Dramaturge. Membre de l'Académie française

Un soir de première, il se promenait légèrement anxieux sur les boulevards avec son collaborateur, Marc-Michel, lorsque ce dernier, désirant entrer dans une boutique, lui indiqua :

– Je vais acheter un parapluie.

– **Pendant que tu y seras, achète aussi un parachute.**

⁂

Une jeune actrice se plaignait de l'avarice du directeur du théâtre qui l'employait et qui refusait de la payer décemment pour les petits rôles qu'elle interprétait chaque jour. Elle prit Labiche à témoin :

– Voyons, mon cher maître, est-ce que je ne vaux pas au moins cinq louis par soirée ?

– **Oh si, mais après le spectacle.**

*

Un de ses confrères regrettait :

– Vous avez trop d'esprit pour écrire du vaudeville…

– **Eh bien, faisons une pièce ensemble, le compte y sera.**

*

Il visitait la nouvelle maison de son fils qui venait de se marier. Arrivé à la chambre des jeunes époux, il découvrit que le lit était démesurément large et dit :

– **Vous comptez recevoir ?**

*

Pour écrire la totalité de son œuvre, il eut recours à une quarantaine de collaborateurs. Un journaliste lui suggérait un jour de se présenter à l'Académie française, arguant :

– Votre fauteuil est assuré.

– **Un fauteuil, ça ne suffira jamais, il me faudrait une banquette.**

*

Il avait une épouse si autoritaire qu'il rédigea son testament en commençant par ces mots :

– **Voici mes premières volontés.**

*

Alexandre de LABORDE

1773-1842

Archéologue et homme politique

Proche de Talleyrand sous l'Empire, il voyait sa prometteuse carrière stagner au Conseil d'État où il restait simple auditeur. Le croisant un jour, Napoléon le salua avec respect :

– Ah ! Voilà l'aîné de mes auditeurs.

– **Oui, sire, et aussi le cadet de vos soucis.**

*

François de LA CHAIZE

(François d'Aix de La Chaize)

1624-1709

Confesseur de Louis XIV

L'influence considérable qu'il exerçait sur le Roi-Soleil fut à l'origine d'un mot d'esprit.

Recevant un jour un abbé qui sollicitait une charge honorifique, il lui fit savoir :

– Votre heure n'est pas encore venue.

– **Elle viendra quand il vous plaira car c'est vous qui gouvernez le soleil.**

*

LA CHALOTAIS

(Louis René de Caradeuc de La Chalotais)

1701-1785

Procureur général du parlement de Bretagne

En 1758, les Français repoussèrent une tentative de débarquement des Anglais à la bataille de Saint-Cast. Le duc d'Aiguillon qui commandait les troupes françaises fut auréolé de louanges alors qu'en plein combat il s'était prudemment abrité dans un moulin. Quelqu'un disait un jour devant La Chalotais :

– Le duc s'est couvert de gloire.

– **Il s'est surtout couvert de farine.**

⁂

Ernest LA JEUNESSE

(Ernest Léon Lajeunesse-Caën)

1874-1917

Écrivain et caricaturiste

En février 1915, Sarah Bernhardt fut amputée de la jambe droite. Quelques mois plus tard, elle fit son retour sur scène dans une pièce d'Eugène Morand ayant pour titre *Les Cathédrales*. Le soir de la première, lorsqu'on frappa les trois coups traditionnels, La Jeunesse, faisant mine de reconnaître le bruit d'une jambe de bois, s'exclama :

– **La voilà !**

⁂

Robert LAMOUREUX

1920-2011

Acteur et réalisateur

Une dame aussi laide que prétentieuse se vantait :

– Savez-vous que j'ai été mannequin ?

– **Ah ! Et dans un champ de quoi ?**

⁂

Jean-Baptiste LANGUET DE GERGY

1675-1750

Curé de Saint-Sulpice

Il apprit qu'un de ses plus riches paroissiens, très malade, avait décidé de léguer tous ses biens à l'ordre des Carmes déchaux. Il lui rendit visite et réussit à le convaincre de modifier ses dispositions au profit de sa paroisse qui était dans le besoin. Au moment où il quitta les lieux, il croisa dans les escaliers plusieurs carmes qui venaient rendre visite au malade. L'ordre ayant pour fondateur saint Élie, le curé s'arrêta sur le palier et les salua avec déférence :

– **Passez mes pères, je sais trop ce que je vous dois : vous êtes de l'ancien testament[1], je ne suis que du nouveau.**

⁂

1. Élie était également un prophète de l'Ancien Testament.

Un jour où il recevait du monde dans sa maison de campagne, ses invités proposèrent d'aller pêcher dans son étang à l'issue du repas. Ne supportant pas de voir ses poissons pris les uns après les autres, il mit brusquement fin au divertissement et donna sa bénédiction aux convives :

– **Allez, et ne péchez plus !**

Jeanne LANVIN

1867-1946

Grande couturière

Elle discutait avec une richissime Américaine qui jugeait avec dédain le comportement vestimentaire des Françaises :

– À Paris, vous suivez la mode comme un chien suit ses maîtres.

– **Et à New York, vous la suivez comme un aveugle suit son chien.**

Pierre-Simon de LAPLACE

1749-1827

Savant. Membre de l'Académie française

Entrant dans une boutique vide, il demanda au commis ce qu'il vendait. Celui-ci lui répondit sèchement :

– Je vends des têtes d'ânes.

– Oh, vous devez en vendre beaucoup car il ne reste plus que la vôtre.

*

LA POUPLINIÈRE

(Alexandre Jean Joseph
Le Riche de La Pouplinière)

1693-1762

Fermier général et mécène

Une mondaine, feignant de le reconnaître, l'accosta en ces termes :

– Il me semble, monsieur, vous avoir vu quelque part.

– Il est vrai, madame, qu'il m'est arrivé d'y aller quelquefois.

*

Charles de LA VIEUVILLE

1583-1653

Capitaine des Gardes du corps du roi

Un de ses amis voulut faire de l'esprit en proclamant lors d'un toast :

– Je lève mon verre au beau sexe des deux hémisphères.

– **Et moi, je bois aux deux hémisphères du beau sexe.**

*

John LAW

1671-1729

Financier écossais. Contrôleur général des finances

La faillite dans laquelle il entraîna la France par sa politique monétaire inspira un mot d'esprit.

Afin de démontrer son honnêteté, il prétendit lors d'une réunion :

– Sachez que je suis incapable de commettre une mauvaise action.

Quelqu'un répliqua :

– **C'est bien assez d'en émettre.**

*

Paul LÉAUTAUD

1872-1956

Écrivain

En 1911, Apollinaire, soupçonné de complicité dans le retentissant vol de *La Joconde*, passa plusieurs jours à la prison de la Santé avant d'être reconnu innocent. Quelque temps plus tard, Léautaud le rencontra par hasard et le salua :

– **Et comment va la Santé ?**

***

Un soir, il siffla bruyamment une pièce qu'il n'avait pas appréciée. Une spectatrice qui n'était pas de son avis feignit de s'étonner en disant tout haut :

– Il y a donc des merles ici ?

– **Pourquoi pas, il y a bien des bécasses.**

***

Marie Thérèse Jeanne LEBAUDY

1866-1943

Héritière de la dynastie sucrière Lebaudy

Alors qu'elle avait dépassé la soixantaine, elle rencontra le peintre Jacques-Émile Blanche qui lui confia en toute innocence :

– Quel dommage que je ne vous aie pas connue il y a dix ans. J'aurais aimé faire votre portrait.

– **N'avez-vous donc plus de talent ?**

***

Léonide LEBLANC

1842-1894

Comédienne et courtisane

Une de ses camarades lui parlait de l'actrice Marie Colombier qui commençait à prendre du poids, notant perfidement :

– Je me demande combien son corset peut supporter de baleines.
– **Une seule, ça lui suffit.**

*

Charles Marie René LECONTE DE LISLE

1818-1894

Poète. Membre de l'Académie française

Au cours d'une promenade, il rencontra par hasard Victor Hugo. Absorbé par ses pensées, celui-ci lui avoua :

– J'étais en train de songer à ce que je pourrai dire à Dieu quand je me trouverai en sa présence.
– **Vous lui direz : « Mon cher confrère… »**

*

André LEFAUR

(André Marie Alphonse Lefaurichon)

1879-1952

Comédien

Dans une pièce qui en était à plus de trois cents représentations, il demeurait le seul interprète présent depuis sa création, ses camarades, lassés, ayant tous fini par se faire remplacer par des doublures. Un soir, lors du deuxième acte, l'accessoiriste se trompa et déposa sur scène un plateau de gigot à la place du poulet rôti dont on se servait habituellement. Lorsque Lefaur s'aperçut de la méprise, il marmonna suffisamment haut pour être entendu :

– **Encore une doublure…**

En 1928, dans la pièce *Topaze* de Marcel Pagnol, il dut partager l'affiche avec le comédien Paul Pauley, qu'il n'appréciait guère. Un soir, alors qu'il arrivait au théâtre, il aperçut une longue file d'attente avant d'apprendre par le contrôleur que son rival, souffrant, ne viendrait pas jouer. Pointant du doigt la foule nombreuse, il fit observer :

– **Je constate que ça se sait déjà !**

Louis LEFÉBURE DE FOURCY

1787-1869

Mathématicien

Examinateur redouté, il se fit magistralement clouer le bec par un élève.

Pendant un oral du baccalauréat, constatant que le candidat ne parvenait pas à répondre à une question de physique pourtant fort simple, il ordonna à l'huissier :
– Apportez une botte de foin à monsieur, pour son déjeuner.

Ce lazzi eut pour effet de galvaniser l'étudiant qui répliqua :
– **Apportez-en deux, nous déjeunerons ensemble.**

*

Frédérick LEMAÎTRE

(Antoine Louis Prosper Lemaître)

1800-1876

Comédien

À la fin de sa carrière, Mlle George prit beaucoup de poids. Un soir où celle-ci se produisait avec Lemaître, le public rappela les deux comédiens après la chute du rideau. Dans les coulisses, le directeur lui demanda de prendre la main de l'imposante actrice pour la présenter à l'assistance. Il rétorqua :
– **Vous me prenez pour son cornac[1] peut-être ?**

*

1. Maître d'éléphant en Inde.

Au cours d'une répétition, le dramaturge Adolphe d'Ennery, mécontent de son interprétation, s'emporta contre lui :

– Monsieur, vous pataugez dans mon texte !

– **De quoi vous plaignez-vous, maître, ça porte bonheur.**

Ninon de LENCLOS

1620-1705

Femme de lettres et courtisane

Le marquis de Vassé était connu pour sa très mauvaise haleine. Un jour, dans un salon, on discutait des maladies d'estomac. Le marquis prit la parole :

– Pour ma part, je ne me tourmente pas. Je ne sens jamais mon estomac.

– **Je pense bien, vous laissez ce soin à vos amis.**

Quelqu'un disait à propos d'un prétentieux personnage :

– Cet homme court après l'esprit.

– **Je parie pour l'esprit !**

Jean-Marie LE PEN

Né en 1928

Homme politique

En janvier 2011, sa fille lui succéda à la tête de son parti dont il conserva toutefois la présidence d'honneur. Peu après, un journaliste lui posa cette question :

– Ne craignez-vous pas d'être un boulet pour votre fille ?

– **Oui, mais un boulet de canon !**

Alain René LESAGE

1668-1747

Dramaturge et écrivain

En 1709, il promit à la duchesse de Bouillon d'aller lui lire sa pièce *Turcaret* avant de la faire jouer sur scène. Mais le jour convenu, il arriva avec une heure de retard, privant la duchesse de dîner. Furieuse, celle-ci lui réserva un accueil glacial, lui lançant :

– Vous m'avez fait perdre une heure à vous attendre.

Il décida alors de quitter les lieux après avoir répondu à la duchesse :

– **Eh bien madame, je vais vous en faire gagner deux.**

Louis Sophie LE TELLIER

1740-1785

Militaire

Lorsqu'en 1775 il épousa la baronne d'Hussel, celle-ci le sermonna dès la sortie de l'église, l'implorant de mettre fin à ses frasques passées. Il lui promit :

– **Oui, madame, je vous assure que je viens de faire ma dernière sottise.**

⁂

Rosalie LEVASSEUR

1749-1826

Cantatrice

En 1776, l'opéra Alceste *de Gluck, dans lequel elle interprétait le premier rôle, divisa profondément le public et fut à l'origine d'un mot d'esprit.*

Pendant une représentation, après qu'elle eut chanté « Il me déchire et m'arrache le cœur », un spectateur cria du parterre :

– Et vous, mademoiselle, vous m'arrachez les oreilles !

Un autre répliqua du tac au tac :

– **Ah, monsieur, ce serait un grand service à vous rendre si c'est pour vous en donner d'autres.**

⁂

André LEVRET

1703-1780

Chirurgien et obstétricien

Il fut appelé à la cour pour faire accoucher Marie-Josèphe de Saxe, femme du dauphin. À son arrivée, celui-ci l'accueillit par ces mots :

– Vous devez être bien content, monsieur Levret, d'accoucher madame la dauphine. Cela va vous faire de la réputation.

– **Si ma réputation n'était pas faite, je ne serais pas ici.**

⁂

Stéphen LIÉGEARD

1830-1925

Écrivain

Il fut présenté au vieux maréchal Vaillant, ministre des Beaux-Arts de Napoléon III. Celui-ci lui dit :

– Ah, vous faites des vers ? Je n'ai pas cette infirmité-là.

– **On ne peut les avoir toutes…**

⁂

Le prince de LIGNE

(Charles Joseph Lamoral)

1735-1814

Maréchal, diplomate et homme de lettres belge

Le 6 novembre 1792, les Autrichiens subirent une défaite face aux Français à la bataille de Jemappes. Le duc de Teschen, qui commandait les troupes, en tomba malade. Rétabli, il fit son retour à Vienne où il rencontra le prince de Ligne et lui demanda :

– Comment me trouvez-vous ?
– **Ma foi, passablement défait.**

⁂

Frédéric II lui parlait de jardinage en déplorant le climat de son royaume :

– Mes pauvres orangers, mes oliviers, mes citronniers, tout cela meurt de faim.

Inquiet de l'extrême militarisation de la Prusse, il répliqua :

– **Il y a trop de grenadiers dans ce pays, cela mange tout.**

⁂

Un insipide et ennuyeux marquis s'approcha de lui en bâillant. Il s'exclama :

– **C'est exactement ce que j'allais vous dire !**

⁂

Catherine II avait fait creuser dans ses jardins un canal qu'il prenait plaisir à railler en raison de sa faible profondeur. Quand la tsarine lui annonça qu'un ouvrier s'y était noyé, il s'exclama :

– **Quel flatteur !**

⁂

Le 7 mars 1810, on remit à Marie-Louise le portrait de son futur époux, l'empereur Napoléon. La miniature étant encadrée de diamants, il fit ce commentaire :

– **J'aime mieux le présent que le futur.**

⁂

Un jour où il rentrait d'une campagne militaire, sa femme lui demanda s'il lui avait été fidèle. Il avoua :

– **Souvent.**

⁂

Le chevalier de LIGNIÈRES

(François Payot de Lignières)

1626-1704

Poète libertin

Un écrivaillon nommé Le Pays lui lança :

– Tu es un sot, en trois lettres !

– **Et toi en mille : toutes celles que tu as composées.**

⁂

Michel de Marolles plastronnait :

– Mes vers me coûtent peu.
– **Ils vous coûtent ce qu'ils valent.**

Abraham LINCOLN

1809-1865

Président des États-Unis de 1861 à 1865

En 1858, lors d'un débat pour les élections sénatoriales, son adversaire démocrate, voulant pointer les contradictions entre sa vie privée et les principes qu'il préconisait, le traita publiquement d'« homme à double visage ». Ne se trouvant point beau, Lincoln riposta :

– **Si j'avais un autre visage, croyez-vous que je porterais celui-ci ?**

Simon Nicolas Henri LINGUET

1736-1794

Avocat et écrivain

Intellectuel peu porté sur la chose militaire, le duc de Duras n'en fut pas moins nommé maréchal de France, ce qui lui valut les railleries de Linguet. En représailles, Duras menaça de lui donner des coups de bâton. Il ironisa :

– **Cela nous permettra de le voir faire usage de son bâton une fois dans sa vie.**

En 1780, il fut embastillé en raison de ses attaques trop virulentes contre l'Académie française. Quelques jours après son arrivée, il vit un homme entrer dans sa cellule. L'inconnu se présenta :

– Je suis le barbier de la Bastille.
– **Parbleu ! Vous auriez dû la raser.**

⁂

Léontine LIPPMANN

1844-1910

Salonnière

Un jour, dans son salon, un poète illustre fit retentir un pet bruyant. Pour donner le change, il se mit aussitôt à remuer une chaise. Agacée par le bruit, elle se pencha vers le poète et lui dit en souriant :

– **Inutile, monsieur, vous ne trouverez pas la rime…**

⁂

Émile LITTRÉ

1801-1881

Lexicographe

Un soir, sa femme le découvrit brusquement au lit avec la bonne et s'exclama :

– Oh, comme je suis surprise !
– **Erreur, madame : vous êtes étonnée, c'est nous qui sommes surpris.**

⁂

David LLOYD GEORGE

1863-1945

Premier ministre du Royaume-Uni de 1916 à 1922

Durant la Première Guerre mondiale, l'action du maréchal Douglas Haig, commandant du corps expéditionnaire britannique en France, fut particulièrement controversée et lui valut le surnom de « Boucher de la Somme ». Alors que Haig participait à un défilé militaire, un de ses conseillers confia à Lloyd George :

– Il est particulièrement brillant à la tête de son armée.

– **Brillant, jusqu'au sommet des bottes…**

*

De retour d'une mission de plusieurs semaines à l'étranger, un membre de son cabinet s'enquérait avec suffisance :

– J'espère que mon absence n'a pas trop entravé la bonne marche du ministère.

– **Quelle absence ?**

*

Il eut un jour une virulente altercation avec une féministe. Celle-ci fulmina :

– Si j'étais votre femme, je mettrais du poison dans votre thé.

– **Si j'étais votre mari, madame, je le boirais.**

*

Sa versatilité suscita un mot d'esprit.

Des membres de son parti débattaient de sa politique. Un de ses partisans prenait sa défense :

– Je peux vous assurer que le Premier ministre n'a qu'une parole.
– **C'est pour cela qu'il a l'habitude de la reprendre.**

*

Geo LONDON

(Georges Samuel)

1885-1951

Journaliste

Un soir, en sortant des Folies-Bergère, il chuta lourdement sur le trottoir. Apercevant alors trois demi-mondaines qui se trouvaient non loin de là, il s'exclama :

– **De grâce, mesdames, ne le faites pas si dur !**

*

Henri LONGCHAMBON

1896-1969

Scientifique et homme politique

En 1946, il fut nommé ministre du Ravitaillement dans le gouvernement de Félix Gouin. Peu de temps après sa prise de fonction, on découvrit que plusieurs contrôleurs avaient accepté des pots-de-vin sous forme de chèques de la part de certains fournisseurs. Un journaliste l'interrogeait sur cette affaire :

– A-t-on arrêté les coupables ?

– **Pas encore, mais on est sur leurs talons.**

Jean LORRAIN

(Paul Alexandre Martin Duval)

1855-1906

Écrivain

Un jour où il était convié chez Jean-Louis Forain, la femme de ce dernier se montra si inconvenante à son égard qu'il préféra quitter la table avant la fin du repas. Invoquant leur vieille amitié, Forain tenta de le retenir :

– Souviens-toi de l'époque où nous mangions de la vache enragée…

– **Certes, mais moi je ne l'ai pas épousée.**

Pierre LOTI

(Louis Marie Julien Viaud)

1850-1923

Écrivain. Membre de l'Académie française

On lui demandait ce qu'il pensait du livre *La Mer* de Jules Michelet. Sa réponse fusa :

– **C'est vu du rivage.**

⁂

Maud LOTY

1894-1976

Actrice

Elle reçut dans sa loge la visite d'un insupportable raseur dont elle ne savait pas comment se débarrasser. Finalement, elle lui confia :

– Toutes les fois qu'un importun me propose de me rendre visite, je lui dis que j'habite en banlieue.

– Très drôle ! Et où habitez-vous ?

– **En banlieue.**

⁂

LOUIS XI

1423-1483

Roi de France de 1461 à 1483

Misant sur sa superstition, un de ses sujets se montra plus fin que lui.

Soupçonnant un voyant d'être un imposteur, il le mit à l'épreuve en lui demandant :

– Toi qui prédis si bien l'avenir, sais-tu quand tu mourras ?

Flairant un mauvais coup, le devin donna la seule réponse qui lui garantissait d'avoir la vie sauve :

– **Tout ce dont je suis sûr, sire, c'est que je mourrai deux jours avant Votre Majesté.**

LOUIS XII

1462-1515

Roi de France de 1498 à 1515

Un officier qui n'avait jamais brillé par sa bravoure s'enorgueillissait d'une blessure qu'il venait d'avoir au visage. Le roi se laissa aller à ce commentaire :

– **Cela lui apprendra à regarder derrière lui.**

LOUIS XIV

1638-1715

Roi de France de 1643 à 1715

Après qu'il eut confié au maréchal de Choiseul le commandement de son armée en Allemagne, un courtisan hostile au maréchal rétorqua que celui-ci avait la vue basse. Il répondit :

– **Eh bien comme ça, il verra l'ennemi de plus près.**

*

Une discussion avec un de ses sujets fut également à la source d'un mot d'esprit.

Lors d'un hiver particulièrement rude, constatant qu'un gentilhomme gascon désargenté ne portait qu'un simple habit de camelot, il s'en étonna :

– Comment faites-vous pour supporter un froid pareil alors que moi, malgré tous mes habits, je suis gelé ?

– **Sire, si je n'ai pas froid, c'est que je porte sur moi la totalité de ma garde-robe.**

*

LOUIS XV

1710-1774

Roi de France de 1715 à 1774

Alors qu'il visitait des bureaux, il aperçut sur la table une paire de lunettes qu'il s'empressa d'essayer. À la recherche d'un document à lire, il découvrit un papier qui avait été spécialement laissé à son attention sur cette même table et le parcourut. Lorsqu'il constata qu'il s'agissait d'un éloge pompeux de sa personne, il reposa le papier et les lunettes et déclara en riant :

– **Ces lunettes grossissent trop les objets.**

Passionné de sciences, de théâtre et surtout d'équitation, le duc de Lauraguais entreprit un voyage en Angleterre. À son retour, Louis XV l'interrogea sur les enseignements de son séjour. Lauraguais lui répondit d'un ton grandiloquent :

– Sire, j'ai appris à penser.
– **Des chevaux, sans doute ?**

LOUIS XVI

1754-1793

Roi de France de 1774 à 1792

Alors qu'il était enfant, il dit malencontreusement pendant une leçon : « Il pleuva. » Son frère, le comte de Provence, futur Louis XVIII, le corrigea avec suffisance :

– Quel barbarisme, mon frère ! Un prince doit savoir sa langue.

– **Et vous, mon frère, tâchez de retenir la vôtre.**

LOUIS XVIII

1755-1824

Roi de France de 1814 à 1824

Après la seconde abdication de Napoléon, il se hâta de revenir en France. Le 8 juillet 1815, il fit son entrée aux Tuileries alors que les chambellans n'avaient pas encore enlevé les tapis semés du monogramme « N » et des symboles de l'Empire. Ces derniers se confondant en excuses, il se hâta de les rassurer :

– **Mais au contraire, j'ai plaisir à marcher dessus.**

En 1806, le dramaturge Jean-François Roger connut le plus grand succès de sa carrière avec sa pièce *L'Avocat*. Onze ans plus tard, lorsqu'il fut élu à l'Académie française et présenté au roi, celui-ci lui souffla :

– **Votre cause, monsieur, a été plaidée par un bon avocat.**

⁂

Le Panthéon ayant été rendu au culte catholique en 1806 sous le nom d'église Sainte-Geneviève, les ultras réclamèrent à la Restauration que l'on expulse de la crypte la dépouille de Voltaire. Informé de cette requête par Beugnot, son ministre de l'Intérieur, le roi s'y opposa, arguant :

– **Laissez-le là, il est bien assez puni d'entendre dire la messe chaque matin.**

⁂

N'ayant pas d'héritier, c'est son frère cadet, le comte d'Artois, qui lui succéda au trône sous le nom de Charles X. Sur son lit de mort, lorsqu'il vit arriver ses médecins, il les apostropha par ce calembour :

– **Entrez, Charles attend.**

⁂

LOUVOIS

(François Michel Le Tellier)

1641-1691

Ministre de Louis XIV

Il fut mouché avec brio par un colonel du régiment des Gardes suisses.

Lors d'une discussion avec Louis XIV, il se plaignit des Gardes suisses qui, depuis 1616, assuraient la protection des rois de France :

– Avec tout l'or et l'argent que les Suisses ont reçu des rois de France, on pourrait construire un canal allant de Paris à Bâle.

Un colonel suisse qui avait entendu l'attaque rétorqua :

– **Peut-être, mais avec tout le sang que les Suisses ont versé pour eux, on pourrait le remplir.**

⁂

Hubert LYAUTEY

1854-1934

Maréchal de France. Membre de l'Académie française

Lorsqu'il était résident général au Maroc, il reçut la visite du président du tribunal de Rabat qui vint se plaindre parce qu'un cirque s'était installé juste à côté du palais de justice. Il objecta :

– **Qu'est-ce que cela peut bien vous faire ? Vous ne jouez pas aux mêmes heures !**

⁂

Alors qu'il était très âgé, il demanda à son jardinier de planter un arbre. Celui-ci fit aussitôt remarquer :

– Mais, monsieur le maréchal, il ne sera pas grand avant vingt ans.

– Raison de plus pour le planter dès cet après-midi.

⁂

LYSIAS

440 av. J.-C.-380 av. J.-C.

Orateur grec

Il fit lire le discours qu'il s'apprêtait à prononcer à l'un de ses adversaires. Ce dernier lui donna son avis :

– La première fois que je l'ai lu, je l'ai trouvé bon. La deuxième fois moindre. La troisième fois, mauvais.

– Fort heureusement, je n'aurai à le prononcer qu'à une seule reprise.

⁂

L'abbé de MABLY

(Gabriel Bonnot de Mably)

1709-1785

Philosophe

Un vaniteux confiait :

– J'aimerais être César.

– Et moi Brutus !

⁂

Harold MACMILLAN

1894-1986

Premier ministre du Royaume-Uni de 1957 à 1963

Le 12 octobre 1960, lors de l'assemblée générale de l'ONU, le dirigeant soviétique Nikita Khrouchtchev frappa bruyamment la table avec sa chaussure pour protester contre l'intervention du représentant philippin qui condamnait l'impérialisme de l'URSS. Dans la confusion qui suivit cet événement insolite, Macmillan demanda :

– **Serait-il possible que j'obtienne une traduction ?**

Le duc de MAILLÉ

(Charles François Armand de La Tour-Landry)

1770-1837

Militaire

Sous la Restauration, il était nécessaire de faire acte de piété pour s'attirer les bonnes grâces de la cour. Lors d'une messe dans la chapelle du château de Saint-Cloud, le chirurgien Guillaume Dupuytren s'arrangea pour laisser tomber avec fracas son livre d'heures. La duchesse d'Angoulême s'exclama :

– Voilà monsieur Dupuytren qui perd ses heures.

– **Mais qui ne perd pas son temps.**

Suzet MAÏS

(Suzette Roux)

1908-1989

Actrice

Parlant d'une vedette de cinéma extrêmement mince, Berthe Bovy disait :

– Elle est vraiment trop plate.

– **Et pourtant elle tourne !**

⁂

François de MALHERBE

1555-1628

Poète

Invité à dîner chez son ami l'abbé Desportes, il fut chaleureusement accueilli par son hôte qui proposa de lui offrir un exemplaire de la nouvelle édition de ses poésies. Il lui répondit :

– **Cela n'est pas nécessaire, votre potage me suffit.**

⁂

Après un copieux repas chez l'archevêque de Rouen, il s'endormit profondément. Lorsque le prélat voulut le tirer de son sommeil pour le mener au sermon qu'il devait prononcer, il rétorqua :

– **Dispensez-moi, je dormirai bien sans cela.**

⁂

Louis Jules MANCINI-MAZARINI

1716-1798

Ministre, diplomate et dramaturge.
Membre de l'Académie française

Un régiment qu'il convoitait pour l'un de ses parents fut finalement donné à son rival qui avait beaucoup intrigué pour l'obtenir. Comme on félicitait l'heureux promu, celui-ci déclara, avec une modestie qui sonnait faux :

– Ce qui me flatte le plus, c'est que, pour obtenir une si haute faveur, je n'ai fait aucun pas.

– **Je le crois bien, quand on rampe, on ne marche pas.**

⁂

Georges MANDEL

(Louis Georges Rothschild)

1885-1944

Député et ministre

Lors d'une réunion politique dans le Midi, un spectateur qui lui reprochait ses origines juives l'interrompit durant son discours et hurla :

– Tais-toi, eh ! Bout coupé !

– **Voilà encore une indiscrétion de votre femme, cher monsieur : je lui avais pourtant bien recommandé de ne pas vous en parler.**

⁂

Thierry MANDON

Né en 1957

Homme politique

En 2011, deux anciennes employées municipales accusèrent de viols et agressions sexuelles le secrétaire d'État à la Fonction publique et amateur de réflexologie Georges Tron, après des séances de massages de pieds contraints. Affaibli par cette affaire, Tron fut battu l'année suivante aux élections législatives par Mandon qui déclara le soir de sa victoire :

– **Ça lui fera les pieds !**

Robert MANUEL

(Robert Emmanuel Bloch)

1916-1995

Acteur. Sociétaire de la Comédie-Française

Compagne de Georges Mandel, l'actrice Béatrice Bretty était une femme gourmande et ronde. Lors d'une représentation, alors qu'elle venait de faire son entrée en scène, un spectateur voulut connaître son identité. Il l'informa :

– C'est madame Bretty.
– Et derrière elle ?
– **C'est encore madame Bretty.**

Claude MARCEL

1520-1590

Intendant des finances

Simple orfèvre, il réussit à s'élever échevin, prévôt des marchands et enfin intendant des finances d'Henri III, poste qu'il partagea avec Robert Miron de Chenailles. Issu d'une grande famille de la noblesse de robe, ce dernier tenta de le rabaisser devant le roi en lui lançant :

– Vous avez la bouche sale.

– **Peut-être, mais au moins j'ai les mains nettes.**

*

Émile MARCO DE SAINT-HILAIRE

(Émile-Marc Hilaire)

1796-1887

Écrivain

Il se rendit dans un salon où il n'était jamais allé et remit sa carte au domestique. Lorsque celui-ci le présenta comme le « marquis de Saint-Hilaire », l'annonce fit sensation parmi les convives. Il s'empressa alors de les avertir de la méprise du domestique :

– **De grâce, veuillez ne point vous émouvoir, ce n'est qu'un « quis pro co ».**

*

Claude MARCY

(Marcienne Odette Vaudey)

1905-1996

Actrice

En 1947, son ami et futur époux, Henri Jeanson, fut violemment attaqué dans *Les Lettres françaises*. Alors qu'elle était attablée avec lui au Flore, un mauvais plaisant chargea le serveur de lui apporter l'article où il était vivement critiqué. Elle prit aussitôt la revue, la roula en boule et fit mine de s'essuyer la bouche avec, en reprochant au garçon :

– **Merci, mais vous auriez pu nous apporter votre torchon personnel.**

⁂

Sylvain MARÉCHAL

1750-1803

Poète et journaliste

Alors qu'il avait soumis l'une de ses œuvres à Crébillon fils qui officiait comme censeur royal, ce dernier lui demanda de retirer le mot « boudoir » de tout son manuscrit. Se souvenant que son interlocuteur avait autrefois écrit un conte libertin intitulé *Le Sopha*, il objecta :

– **Et où placerai-je votre *Sopha* si vous m'ôtez mon boudoir ?**

⁂

Louis MARIAGE

1831-1900

Juge

Venue témoigner à une audience, la danseuse de french cancan Grille d'Égout fit son entrée dans le prétoire d'une démarche très suggestive. Il la rappela à l'ordre :

– **Ici ce n'est pas la jambe qu'on lève, c'est la main. Dites je le jure.**

*

MARIE-ANTOINETTE

1755-1793

Reine de France

À l'exposition de peinture de 1777, Joseph Vernet présenta deux tableaux : *Le Calme* et *La Tempête*. Après avoir longuement admiré ces deux toiles, elle demanda à voir l'artiste et l'accueillit par ce compliment :

– **Je vois, monsieur Vernet, que vous faites toujours ici la pluie et le beau temps.**

*

Le duc de MARLBOROUGH

(John Churchill)

1650-1722

Militaire anglais. Ancêtre de Winston Churchill

Ses exploits militaires furent à l'origine d'un mot d'esprit.

Au cours d'une bataille, un boulet de canon explosa la tête d'un malheureux soldat dont la cervelle éclaboussa le visage du neveu du duc. Flegmatique, Marlborough dit alors à son jeune parent :

– Eh quoi, monsieur, vous paraissez étonné ?
– **Ce qui m'étonne, c'est qu'un homme qui a autant de cervelle restât exposé gratuitement à un danger inutile.**

⁂

Mary MARQUET

1895-1979

Actrice

Durant un dîner, elle se trouva assise à côté d'un jeune homme timide qui ne brillait guère par l'intelligence. Impressionné et ne sachant pas comment engager la conversation, celui-ci resta totalement silencieux. Finalement, lorsqu'on servit une assiette anglaise, il se décida à lui parler et lui demanda d'une voix tremblotante :

– Aimez-vous les cornichons ?
– **Dois-je considérer cela comme une déclaration ?**

⁂

Elle était suivie un soir par un petit homme qui l'accosta en ces termes :

– Vous me permettez de vous accompagner, mademoiselle ?
– **Pourquoi ? Vous avez peur ?**

⁂

Au début de sa carrière, elle fut aussi mouchée en raison de sa rondeur.

Elle annonçait à une comédienne devant jouer le rôle d'Athalie :

– Je suis chargée de vous doubler.
– **Me doubler ? C'est plutôt me tripler que vous voulez dire.**

⁂

Alphonse MARTAINVILLE

1777-1830

Journaliste et dramaturge

Il participa un jour à un dîner où il dut se contenter d'un menu fade, composé de portions minuscules. Après le repas, il fut reconduit par le maître de maison qui lui proposa :

– J'espère que vous reviendrez dîner avec nous très bientôt.
– **Bien sûr ! Et même tout de suite, si vous voulez.**

⁂

Son procès, durant la Terreur, fut l'occasion de deux mots d'esprit.

Alors que, suspecté de royalisme, il comparaissait devant le tribunal révolutionnaire, le juge lui attribua à tort une particule nobiliaire en l'appelant « citoyen de Martainville ». Il corrigea :

– Citoyen, tu es en place pour me raccourcir et non pour me rallonger.

Cette répartie lui assura l'indulgence du public et le juge ordonna :

– **Eh bien qu'on l'élargisse !**

*

Le vicomte de MARTIGNAC

(Jean-Baptiste Sylvère Gaye)

1778-1832

Homme d'État

Un jour, il aperçut son rival, le très hautain Pierre-Denis de Peyronnet, essayer de monter à cheval. Comme celui-ci s'y prenait fort mal, Martignac fit ce commentaire :

– **Parbleu, l'équitation est la seule chose qu'il ne traite pas cavalièrement !**

*

Andrew MARVELL

1621-1678

Poète anglais

Il avait écrit sous la dictature de Cromwell un panégyrique du Lord Protecteur. Lorsqu'en 1660 la monarchie fut restaurée, il rédigea un texte en l'honneur de Charles II, intitulé *Félicitations au Roi sur l'heureux retour de Sa Majesté*. Après en avoir pris connaissance, le souverain lui fit part de sa déception, arguant que son éloge à Cromwell était bien plus éloquent. Il se départit grâce à cette réponse :

– **Sire, nous autres poètes, nous réussissons mieux dans la fiction que dans la réalité.**

⁂

Groucho MARX (Julius Henry Marx)

1890-1977

Comédien américain

Sa secrétaire entra un jour dans son bureau en annonçant :

– Il y a quelqu'un qui vous demande. Un homme avec une moustache noire.

– **Dites-lui que j'en ai déjà une.**

⁂

Une dame fort laide lui confiait naïvement :

– Ah, que j'aime la nature.

– **Vous n'êtes pas rancunière, après tout ce qu'elle vous a fait.**

⁂

Jacques MASSU

1908-2002

Général

Nommé quelques jours plus tôt président du Conseil, le général de Gaulle arriva à Alger le 4 juin 1958. Lorsqu'il rencontra Massu, alors à la tête d'un Comité de salut public qui menaçait de faire un putsch, il s'exclama :

– Alors, Massu, toujours aussi con ?

– **Toujours gaulliste, mon général.**

⁂

François-Désiré MATHIEU

1839-1908

Cardinal. Membre de l'Académie française

Un soir, il fut convié à dîner chez une dame dont la cuisine était particulièrement mauvaise. Durant l'apéritif, il bavarda longuement avec un invité jusqu'à ce que la maîtresse de maison mît fin à la conversation en annonçant :

– Monseigneur, la confession est terminée, passons à table…

Il chuchota alors :

– **Eh bien, allons, la pénitence commence.**

⁂

William Somerset MAUGHAM

1874-1965

Écrivain britannique

Après lui avoir soumis ses nouvelles, un écrivain débutant lui demanda :

– Je devrais peut-être mettre plus de flammes dans mes histoires ?

– **Faites plutôt l'inverse.**

Il recevait un jour la visite du soupirant de sa fille, Mary Elizabeth, qui lui annonça solennellement :

– Monsieur, je suis venu vous demander la main de votre fille.

– **Pourquoi vous la refuserais-je, étant donné que vous avez déjà eu tout le reste ?**

Guy de MAUPASSANT

1850-1893

Écrivain

Lors d'un mariage, il faisait remarquer à un convive que l'heureuse élue manquait cruellement de formes. Son interlocuteur lui expliqua que le marié l'avait d'abord épousée pour son argent, ajoutant :

– Il était ruiné : il se marie comme on se jette à l'eau.

– **Dans ce cas, je comprends qu'il épouse une planche.**

Un écrivain présomptueux se vantait dans un salon :

– J'écris plus lentement que vous car je soigne mon style.

– **À quoi bon ? Il est incurable.**

MAUREPAS

(Jean-Frédéric Phélypeaux)

1701-1781

Ministre de Louis XV et de Louis XVI

Alors que la marquise de Pompadour se promenait dans les jardins de Versailles au bras du maréchal de Saxe, il s'exclama :

– **Voilà l'épée du roi et son fourreau !**

En 1749, il fut disgracié et condamné à s'exiler à quarante lieues de Paris. Sur le chemin, un homme l'aborda :

– Permettez, monseigneur, quoique vous soyez en route...

– **Dites plutôt « en déroute ».**

François MAURIAC

1885-1970

Écrivain. Membre de l'Académie française
et prix Nobel de littérature

En 1945, l'écrivain Daniel-Rops publia *Jésus en son temps*, un livre qui devint un véritable best-seller et fut traduit en une dizaine de langues. Lors d'une soirée, Mauriac rencontra madame Daniel-Rops qui portait un luxueux manteau de vison. Il caressa alors son épaule tout en susurrant :

– **Doux Jésus.**

⁂

Jean Sifrein MAURY

1746-1817

Cardinal. Membre de l'Académie française

Porte-voix des défenseurs de l'Ancien Régime lors des états généraux de 1789, il fut un jour apostrophé dans la rue par un groupe de révolutionnaires criant :

– L'abbé Maury à la lanterne !

– **Eh bien, quand vous m'aurez mis à la lanterne, y verrez-vous plus clair ?**

⁂

À l'Assemblée, il interrompait constamment les discours de Mirabeau afin de casser ses effets oratoires. Durant une séance, ce dernier s'écria, excédé :

– L'abbé, me poursuivrez-vous jusqu'au tombeau ?
– **Non, jusqu'au tombereau[1] !**

*

Lors d'un débat à l'Assemblée sur la constitution civile du clergé, Mirabeau prit la parole puis lança en direction de Maury :

– Cette fois je vous tiens, je vais vous enfermer dans un cercle vicieux !
– **Vous voulez donc m'embrasser ?**

*

Philippe-Jacques de MAUSSAC

1590-1650

Conseiller au parlement de Toulouse

Il rencontra un jour à la bibliothèque du Roi deux érudits particulièrement pédants : Gilbert Gaulmin et Claude Saumaise. Les deux hommes se livrèrent à une surenchère d'autosatisfaction :

– À nous trois, nous tiendrions tête à tous les savants du royaume !
– Du royaume ? Mais à nous trois, nous tiendrions tête à tous les savants du monde !

Quant à Maussac, il se contenta simplement d'ajouter :

– **Et moi seul, je vous tiendrais tête à tous les deux.**

*

1. Charrette sur laquelle on transportait du fumier.

Henri MEILHAC

1831-1897

Dramaturge

Lors d'un dîner mondain, il se trouva assis à côté d'un raseur. Lorsque l'on apporta les hors-d'œuvre, ce dernier n'eut de cesse de gesticuler, le regard effaré. Étonné, il lui demanda :

– Vous avez perdu quelque chose ?

– Non, je cherche les cornichons…

– **Je voyais bien que vous n'étiez pas dans votre assiette…**

Golda MEIR

1898-1978

Premier ministre d'Israël de 1969 à 1974

Durant la guerre du Kippour, elle reprocha au secrétaire d'État américain, Henry Kissinger, de se montrer trop conciliant avec les Arabes alors qu'il était de confession juive. Celui-ci lui expliqua :

– N'oubliez pas que je suis d'abord citoyen du monde, puis américain, puis républicain, puis juif.

– **Ce n'est pas bien grave, en hébreu on lit de droite à gauche.**

Joseph MÉRY

1797-1866

Écrivain

Pendant un duel au pistolet, il manqua d'être tué par une balle qui ricocha contre une pièce de cent sous qui se trouvait dans son gousset. Il s'en félicita :

– **Voilà de l'argent bien placé.**

*

Lors d'une soirée mondaine, il marcha malencontreusement sur le très long jupon d'une dame qui se retourna vers lui et lui lança :

– Fichu animal !

Comme elle arborait un très mince corsage, il répliqua :

– **Voilà un fichu qui serait mieux placé sur vos épaules que dans votre bouche.**

*

Pauline von METTERNICH

1836-1921

Princesse et salonnière autrichienne

Elle participait à une kermesse dont les fonds étaient destinés à une œuvre de charité lorsqu'un aristocrate anglais s'arrêta à son stand. Elle lui proposa successivement un porte-cigares, un crayon et une bonbonnière, mais se heurta au refus du lord qui prétexta ne pas fumer, ne pas écrire et ne pas aimer les bonbons. Agacée, elle désigna un savon et lui dit :

– **Je ne vous propose pas de m'acheter du savon car je suppose que vous ne vous lavez pas non plus ?**

*

Joseph François MICHAUD

1767-1839

Écrivain. Membre de l'Académie française

À la Restauration, il fut élu député de l'Ain et siégea avec les ultraroyalistes. Un jour, on lui confia un document confidentiel de la plus haute importance. Sommé de le cacher dans un lieu sûr, où personne ne pourrait le trouver, Michaud indiqua :

– **Je le placerai dans les œuvres complètes de mon ami Lacretelle[1].**

⁂

Spike MILLIGAN

(Terence Alan Milligan)

1918-2002

Comédien et humoriste irlandais

Il voyageait dans un autobus bondé lorsqu'il vit monter une jeune femme désireuse de s'asseoir. Voulant lui céder sa place, il se leva et s'excusa auprès des autres voyageurs qu'il dérangeait :

– S'il vous plaît, laissez-moi passer, que j'offre ma place à cette jolie petite personne.

N'appréciant pas son ton familier, la jeune femme lui répliqua :

– Monsieur, je regrette de ne pouvoir vous retourner le compliment…

– **Dans ce cas, faites comme moi : mentez.**

⁂

1. Charles Lacretelle, historien et académicien.

John MILTON

1608-1674

Poète anglais

Devenu aveugle, il épousa en troisièmes noces une femme d'une grande beauté mais dotée d'un très mauvais caractère. Le duc de Buckingham comparant celle-ci à une rose, il acquiesça :

– **Si je ne puis en juger par ses couleurs, je peux en juger par ses épines.**

⁂

Yves MIRANDE

(Anatole Charles Le Querrec)

1875-1957

Dramaturge

À l'entrée d'un théâtre où sa dernière pièce n'attirait aucun spectateur, un confrère déplorait :

– Le public n'aime pas votre pièce.
– **Qu'en savez-vous puisqu'il ne vient pas ?**

⁂

Entrant dans un music-hall, il aperçut une pancarte ainsi libellée :

– Les chiens ne sont pas admis ici.

Il inscrivit alors juste au-dessous du message :

– **(Société protectrice des animaux)**

⁂

Il essayait de remonter le moral à l'un de ses amis qui broyait du noir. Ce dernier lui confia :

– Je noie mes chagrins dans l'alcool.
– **Méfie-toi, ils savent nager.**

*

Il vit s'arrêter un soir devant le Théâtre des Capucines une splendide conduite intérieure dans laquelle il reconnut une femme du monde qui, un an plus tôt, avait été danseuse aux Folies-Bergère. Quelqu'un commenta :

– Jolie carrosserie.
– **Oui, c'est ce que l'on nomme « l'inconduite antérieure ».**

*

Il reçut le message suivant :

– Cette lettre a pour but de vous sommer de rompre toute relation avec mon épouse.

Il adressa en retour à son auteur une lettre commençant par :

– **Monsieur, j'ai bien reçu votre circulaire…**

*

On parlait d'une jeune femme que la rumeur publique accusait de ne pas être aussi chaste qu'elle le prétendait. Quelqu'un prit son parti :

– Elle assure qu'elle a perdu sa virginité en tombant d'une échelle.
– **Sur quoi ?**

*

Alors qu'il roulait en voiture avec l'un de ses amis, son véhicule fut arrêté par la police pour excès de vitesse. L'ami reconnut aussitôt l'un des agents qui s'apprêtait à les verbaliser et lui confia :

– Je vais arranger ça. Figure-toi que nous avons fait la guerre ensemble.

Après quelques minutes de discussion, l'ami revint dépité dans la voiture, n'ayant pu dissuader le policier d'infliger une contravention. Et Mirande de lui glisser :

– **La prochaine fois, essaie d'en choisir un qui était dans ton camp.**

*

En mars 1946, il eut avec Raimu un grave accident de voiture sur la route du Midi. Lorsqu'en lisant les journaux il apprit que son ami avait été davantage blessé que lui, il s'exclama :

– **Sacré Raimu, toujours la vedette !**

*

Le pacha de Marrakech, Thami El Glaoui, le convia au Maroc en lui disant :

– Mirande, tu es mon frère de lait.
– **Oui, mais tu as bu tout le lait.**

*

Après un copieux repas chez Cora Laparcerie, il s'installa repu dans un confortable fauteuil de cuir. Il était sur le point de s'assoupir lorsque la poétesse annonça qu'elle allait lire un extrait de son nouveau recueil de poésies. Un des invités l'en avisa :

– Elle va dire des vers. Vous dormez ?
– **Pas encore…**

*

Quelque temps après l'interdiction des maisons closes, il passait devant le One-Two-Two, l'un des établissements les plus célèbres de la capitale et qui avait dû fermer ses portes. Il soupira :

– **Que c'est triste, tous ces volets ouverts...**

*

Une de ses amies lui annonçait :

– Je cherche un mari.

– **Tu ferais mieux de chercher un célibataire.**

*

Jules Berry était connu pour ses grandes difficultés à mémoriser ses répliques. Lors de ses funérailles en 1951, il déclara :

– **On rend enfin hommage à sa mémoire.**

*

Juste après avoir subi une lourde opération, il reçut la visite d'un de ses amis qui fréquentait assidûment les champs de courses. Celui-ci prit de ses nouvelles :

– Alors, est-ce que tu vas mieux ?

– **Eh oui, et pourtant on me donnait déjà comme un partant probable.**

*

Un quidam se montra un jour aussi spirituel que lui.

Pour l'anniversaire de sa compagne, la comédienne Simone Berriau, il se rendit dans une luxueuse bijouterie. Après avoir remarqué un bracelet, il demanda son prix au vendeur. Celui-ci lui ayant indiqué qu'il coûtait trente mille francs, il s'exclama :

– Diable !

Il désigna ensuite un second bracelet et demanda à nouveau son prix au vendeur, qui lui répondit :

– **Deux « diables », monsieur.**

⁂

François MITTERRAND

1916-1996

Président de la République de 1981 à 1995

Pendant une élection cantonale dans la Nièvre, son adversaire communiste claironna :

– Dimanche, je passerai comme une lettre à la poste !
– **La poste est fermée le dimanche.**

⁂

Lors d'un conseil des ministres, le ministre de la Défense, André Giraud, lui fit remarquer qu'il s'était trompé de fauteuil :

– Monsieur le président, vous avez pris mon fauteuil et comme je n'ai pas envie de prendre le vôtre…
– **Vous êtes bien le seul.**

⁂

À la toute fin de son second septennat, il eut un entretien avec Henri Emmanuelli, premier secrétaire du Parti socialiste. Ne parvenant pas à mettre un terme aux incessantes rivalités au sein de sa formation politique, ce dernier l'implora d'intervenir :

– Il suffirait que vous leur disiez un mot pour qu'ils rentrent sous terre.

– **Sous terre ? Vous n'y pensez pas, je n'ai pas envie de les y retrouver.**

Wilson MIZNER

1876-1933

Dramaturge et scénariste américain

Pendant une partie de poker, un de ses adversaires posa son portefeuille sur la table en annonçant :

– Je mise tout.

Il posa alors une de ses chaussures avant d'ajouter :

– **Puisque nous jouons pour du cuir, je surenchéris.**

Ferenc MOLNAR

(Ferenc Neumann)

1878-1952

Écrivain et dramaturge hongrois

En 1922, il épousa en secondes noces la cantatrice Sari Fedak. Le jour de la cérémonie, celle-ci s'étonna qu'il ne soit pas vêtu de sa queue-de-pie, comme il en avait l'habitude pour les grandes occasions. Il lui fit savoir :

– **Je ne la mets qu'aux premières.**

Henri MONDOR

1885-1962

Chirurgien. Membre de l'Académie française

Pendant une réunion de l'Académie française, l'amiral Lacaze, âgé de 85 ans, s'agita vivement. Il s'exclama alors :

– **Amiral, attention à vos vaisseaux !**

Henry MONNIER

1799-1877

Écrivain, dramaturge et caricaturiste

Alors qu'il venait d'arriver à un dîner, la maîtresse de maison l'invita à s'installer et lui demanda :

– Cher monsieur, avez-vous de quoi vous asseoir ?

– **Oui, j'ai de quoi m'asseoir mais je ne sais pas où le mettre.**

⁂

Charles de MONTALEMBERT

1810-1870

Journaliste et député. Membre de l'Académie française

Il s'apprêtait à traverser un boulevard lorsqu'une jeune femme, effrayée par l'incessant passage des voitures à cheval, le pria de l'aider à passer. Il accepta et la prit par le bras. Durant le court trajet, la jeune femme glissa à son oreille quelques phrases très osées. Il demeura silencieux mais, une fois la chaussée traversée, il la lâcha immédiatement, la fit monter sur le trottoir et la salua en lui disant :

– **Vous voilà chez vous, madame.**

⁂

MONTESQUIEU

(Charles Louis de Secondat)

1689-1755

Parlementaire et philosophe. Membre de l'Académie française

Alors qu'il était président du parlement de Bordeaux, il discutait d'un point de droit particulièrement technique avec un conseiller. Ce dernier soutint un long raisonnement qu'il conclut en assurant :

– Monsieur le président, si cela n'est pas comme je vous le dis, je veux bien vous donner ma tête.

– **Je l'accepte : les petits présents entretiennent l'amitié.**

⁂

Robert de MONTESQUIOU

1855-1921

Poète et écrivain

Il participait à un dîner où avait également été convié un certain Dubois, qui, pour faire croire qu'il appartenait à l'aristocratie, avait discrètement transformé son nom en « du Boÿs ». Au moment de lui faire passer un plat de petits pois, Montesquiou, pas dupe de l'imposture, prit le soin de glisser distinctement à du Boÿs :

– **Monsieur du Boÿs, vous reprendrez bien des petits poÿs ?**

⁂

En villégiature sur la côte normande, il rencontra par hasard un de ses amis qui rentrait chez lui, un seau à la main. Pour faire de l'esprit, ce dernier lui dit :

– Je suis allé aux moules, je suis moulu.
– **Ça te change des coques...**

⁂

Bernard MONTGOMERY

1887-1976

Maréchal britannique

Il sauta dans un taxi londonien en indiquant au chauffeur :

– Waterloo, s'il vous plaît.
– La gare ?
– **Certainement, il est un peu tard pour la bataille.**

⁂

Anne de MONTMORENCY

1493-1567

Connétable de France

Un peu avant sa mort, il fut la cible d'un mot d'esprit.

Apprenant qu'il avait demandé à mourir en habit de capucin (une branche de l'ordre des Franciscains ainsi nommée en raison de la capuche dont les membres recouvrent leur tête), un gentilhomme du nom de Montdragon osa ce commentaire :

– **Il a bien raison de se déguiser : c'est son seul moyen de pouvoir entrer au paradis.**

⁂

François Henri de MONTMORENCY-LUXEMBOURG

1628-1695

Maréchal de France

Un jour, on lui rapporta que le prince d'Orange l'avait traité de « maudit bossu ». Il objecta :

– **Qu'en sait-il ? Il ne m'a jamais vu par-derrière.**

*

Casimir de MONTROND

1769-1843

Diplomate

Il jouait au whist avec un ancien révolutionnaire, élu à la Convention. Son adversaire remportant toutes les manches, il s'exclama :

– **C'est donc une habitude, chez vous, de couper les rois ?**

*

Le comte de Flahaut cherchait un cadeau à la fois précieux et rare qu'il désirait offrir à une dame. Comme il était devenu presque entièrement chauve, Montrond suggéra :

– **Donne-lui un de tes cheveux.**

*

Agent politique de Talleyrand, il voyageait sur un vaisseau anglais dont le capitaine ne l'appréciait guère. Un soir, alors qu'on portait un toast, ce dernier lança brutalement :

– Je ne bois pas aux Français. Tous des polissons. Sans exception.
– Et moi, je bois aux Anglais. Tous des gentlemen. Mais il y a des exceptions.

⁂

George MOORE

1852-1933

Écrivain irlandais

On parlait d'un célèbre mathématicien qui, bien que marié depuis des années, n'avait toujours pas d'enfant. Quelqu'un qui le connaissait bien se faisait son avocat :

– Il initie sa femme à sa science.
– Visiblement, ils ne sont pas encore passés à la multiplication.

⁂

Thomas MORE

1478-1535

Chancelier du royaume d'Angleterre

Le 6 juillet 1535, lorsqu'il arriva au pied de l'échafaud où il allait être décapité pour s'être opposé à Henri VIII, il pria l'un des hommes qui l'accompagnait de l'aider à gravir les marches,précisant :

– Je ne vous donnerai pas la même peine pour descendre.

⁂

Jeanne MOREAU

1928-2017

Actrice

Un journaliste la questionnait :

– Quel est le point commun entre tous les hommes que vous avez aimés ?

– **Moi.**

⁂

Marguerite MORENO

(Lucie Marie Marguerite Monceau)

1871-1948

Actrice. Sociétaire de la Comédie-Française

Voulant la complimenter sur sa minceur, un raseur lui posa cette question :

– Est-il vrai que les gens maigres ont de l'esprit ?

– **Oui, mon gros !**

⁂

Gaby MORLAY

(Blanche Pauline Fumoleau)

1893-1964

Actrice

Au théâtre, elle jouait une scène dans laquelle elle était censée téléphoner. Se rendant soudain compte que les fils de l'appareil pendaient, elle fit mine de les rebrancher et dit tranquillement au public :

– **On nous avait coupés.**

⁂

Un soir, alors qu'elle circulait seule dans sa voiture en empruntant une route déserte, elle aperçut un quidam lui faisant signe sur le bas-côté et dont le véhicule était à l'arrêt. Afin de lui venir en aide, elle se gara et reconnut un homme d'affaires qui avait autrefois été son amant et qui l'avait plaquée de façon assez mufle. Celui-ci s'exclama :

– Vous tombez bien, me voilà en panne sur cette fichue route.
– **Le lit ne vous suffit donc plus ?**

Charles Auguste de MORNY

1811-1865

Demi-frère de Napoléon III

Le 1er décembre 1851, veille du coup d'État de Louis-Napoléon Bonaparte, il se trouvait à l'Opéra-Comique de Paris. Durant l'entracte, une dame lui posa cette question :

– On prétend que le président de la République va balayer la Chambre. Qu'allez-vous faire ?
– **Madame, s'il y a un coup de balai, croyez bien que je serai du côté du manche.**

Vincent de MORO-GIAFFERRI

1878-1956

Avocat et homme politique

Convié chez un de ses confrères avocats, il frappa à plusieurs reprises à la porte d'entrée sans que son hôte ne vienne lui ouvrir. Il fit alors ce commentaire :

– **Il fait même condamner sa porte…**

*

Paul MOUNET

1847-1922

Comédien. Sociétaire de la Comédie-Française

On lui offrait du vieux vin dans un minuscule flacon. Comme on lui demandait ce qu'il en pensait, il répondit :

– **Bon, mais bien petit pour son âge.**

*

Wolfgang Amadeus MOZART

1756-1791

Compositeur autrichien

Comme un jeune garçon sollicitait ses conseils pour écrire un opéra, il lui suggéra de commencer par composer des ballades. L'apprenti musicien objecta :

– Mais vous, vous avez bien écrit un opéra à l'âge de 11 ans.

– **Certes, mais moi je n'avais pas besoin de demander des conseils.**

*

L'abbé MUGNIER

(Arthur Mugnier)

1853-1944

Prêtre et chroniqueur

Au cours d'un dîner mondain, il rencontra une dame très âgée arborant autour de son cou une somptueuse croix de diamants qui pendait sur sa poitrine décharnée. Impressionné, un invité lui chuchota dans le creux de l'oreille :

– Avez-vous vu la croix, mon père ?

– **Non, je ne vois que le calvaire.**

⁂

Pour railler son goût des mondanités, le redoutable dessinateur Jean-Louis Forain lui lança :

– On vous enterrera dans une nappe !

– **Avec vos miettes…**

⁂

Une dame lui confessait :

– Monsieur l'abbé, lorsque je passe devant mon miroir et que je m'écrie : « Que je suis belle », est-ce un péché ?

– **Non, madame, ce n'est qu'une erreur.**

⁂

Marc Antoine MURET

1526-1585

Philosophe

Au début de sa carrière, il enseignait le latin à Bordeaux. Un jour, constatant qu'un élève avait apporté avec lui une cloche et s'amusait à la faire sonner durant son cours, il le rabroua ainsi :

– **Vraiment, j'aurais été bien surpris si dans ce tas de bêtes il ne s'était trouvé un bélier avec sa cloche pour conduire le troupeau.**

⁂

Vincent MUSELLI

1879-1956

Poète

À la Libération, un poète lui envoya un recueil de sonnets de sa composition, accompagné de sa carte où figurait cette mention :

– Trois ans de Résistance.

Il lui adressa en retour ce conseil :

– **Puisque vous résistez si bien, résistez donc à la tentation d'écrire.**

⁂

Alfred de MUSSET

1810-1857

Poète et dramaturge. Membre de l'Académie française

Une très jolie femme le suppliait de lui lire les vers qu'il avait composés. Comme il s'y opposait, elle ajouta :

– Je vous le demande en grâce.

– **Madame, vous ne sauriez le demander autrement.**

⁂

NAPOLÉON Ier

1769-1821

Empereur des Français de 1804 à 1814 et en 1815

En 1807, il éleva le maréchal Lefebvre duc de Dantzig et tint à ce que ce soit l'huissier de son cabinet qui le lui annonçât le premier. Lorsqu'il s'entendit nommé par son nouveau titre, Lefebvre prit un air tout étonné et interrogea Napoléon du regard. L'Empereur lui tendit alors la main en déclarant :

– **C'est bien de vous qu'il s'agit, quand je fais un duc, ce n'est pas un conte.**

⁂

Alors qu'il n'arrivait pas à atteindre la patère d'où pendait son manteau, un jeune officier s'empressa de venir à sa rescousse et lui dit :

– Je suis plus grand que Votre Majesté.

– **Vous voulez dire « plus long ».**

⁂

Une conversation avec l'un de ses sujets donna également lieu à un mot d'esprit.

Cherchant à piéger un préfet qui prétendait tout savoir, il le harcela de questions. Il l'interrogea ainsi sur le nombre d'habitants de son département, le chiffre de la dernière récolte ou le montant des impôts. Comme le fonctionnaire avait réponse à tout, il lui posa pour finir une question impossible :

– Et combien d'oiseaux de passage ont-ils traversé votre département aujourd'hui ?
– **Un seul, sire : un aigle.**

Jacques NATANSON

1901-1975

Dramaturge et scénariste

Il assistait à une représentation du *Misanthrope* dans une salle pratiquement vide. Juste avant que ne commence la pièce, son voisin lui demanda :

– Qui joue le Misanthrope ?
– **Le caissier.**

Philippe de NOAILLES

1715-1794

Maréchal de France

Le maréchal de Saxe souffrait d'hydropisie. Lors de la bataille de Fontenoy en 1745, son état s'améliora. Venu féliciter son maréchal après la victoire, Louis XV constata que ses membres étaient moins gonflés. Noailles fit alors observer :

– **Monsieur le maréchal de Saxe est le premier homme que la victoire n'ait pas enflé.**

⁂

Jean NOHAIN

(Jean-Marie Legrand)

1900-1981

Animateur et parolier

Lors d'un dîner, un infatué producteur fanfaronnait :

– Moi, je suis parti de rien.

Il chuchota à l'oreille de son voisin :

– **Lui, il a pris un aller-retour.**

⁂

Jacques Charles ODRY

1781-1853

Comédien

En 1846, il jouait au Théâtre de la Porte Saint-Martin dans un vaudeville intitulé *Les Petites Danaïdes*. Dans les coulisses, il se retrouva nez à nez avec l'actrice qui interprétait le rôle de l'Amour. D'un ton espiègle, celle-ci proclama :

– Tremblez, je suis l'Amour !

Constatant que son costume était usé et fripé, il lui répondit :

– **Ça se peut bien mais, en tout cas, tu n'es pas l'Amour propre.**

⁂

Lors d'une exposition de peinture, un visiteur se plaignit d'avoir très faim. Son comparse lui proposa alors :

– Dans ce cas sortons, car c'est ici comme dans la maison du bon Dieu, on n'y trouve ni à boire ni à manger.

Odry, qui avait surpris leur conversation, objecta :

– **Il n'y manque pourtant pas de croûtes.**

⁂

Guillaume d'ORANGE-NASSAU

1533-1584

Stathouder de Hollande

Par son habileté à tenir sa langue, il fut surnommé « le Taciturne ». Un jour, alors qu'il marchait avec sa troupe vers une destination mystérieuse, un officier tenta d'obtenir des renseignements sur l'objectif de l'expédition. Le Taciturne le questionna préalablement :

– Êtes-vous capable de bien garder mon secret ?
– Oui, mon général.
– **Eh bien moi aussi.**

Gaston d'ORLÉANS

1608-1660

Frère de Louis XIII

Un de ses serviteurs fut l'auteur d'un mot d'esprit.

Un soir où ses valets le déshabillaient avant son coucher, Gaston d'Orléans laissa échapper un pet retentissant avant de s'écrier :

– Cent pistoles à qui l'attrapera !

Aussitôt, un de ses gentilshommes fit mine de chercher sous tous les meubles. Tout à coup, il se redressa et, lâchant à son tour une bruyante flatulence, s'exclama :

– **Ah, monseigneur, je le tenais bien, mais il m'a échappé.**

⁂

Louis-Philippe d'ORLÉANS

1725-1785

Premier prince de sang. Père de Philippe Égalité

Son important surpoids inspira une répartie.

Un jour, de retour de la chasse, il avoua :

– J'ai bien failli tomber dans un fossé.

Un de ses courtisans, amateur de calembours, répliqua :

– **Monseigneur, celui-ci eût été comblé de vous recevoir.**

⁂

Philippe d'ORLÉANS

1674-1723

Régent du royaume de France de 1715 à 1723

Il reçut la visite du mari d'une de ses maîtresses. Le suppliant de mettre fin à cette liaison, l'époux bafoué l'implora :

– Mettez-vous un peu à ma place…
– **Mais c'est bien ce que je fais.**

⁂

Louis François Gabriel d'ORLÉANS DE LA MOTTE

1683-1774

Évêque d'Amiens

Alors qu'il était en train de se faire raser, il ne se rendit pas compte que le barbier l'avait coupé par inadvertance. Après avoir payé l'artisan, il remarqua soudain sa plaie. Il rappela alors le barbier et lui donna une nouvelle pièce de monnaie en lui expliquant :

– **Je ne vous avais payé que pour la barbe, voilà pour la saignée.**

Édouard OURLIAC

1813-1848

Écrivain

Pendant une partie de piquet avec un homme d'affaires très louche, il constata que son adversaire s'était ajouté des points supplémentaires. Il en avisa l'aigrefin qui tenta aussitôt de se disculper :

– Excusez-moi, je me suis trompé.

– **Pardonnez-moi, ce n'est pas vous que vous trompiez.**

Ignacy Jan PADEREWSKI

1860-1941

Pianiste et homme politique polonais

Après un concert où il avait brillamment interprété des œuvres de Jean-Sébastien Bach, il reçut la visite d'une vieille dame qui vint le féliciter. Véritable béotienne, elle lui posa cette question :

– Ce monsieur Bach compose-t-il encore ?

– **Oh non, madame, voilà au contraire près de deux siècles qu'il décompose.**

⁂

Marcel PAGNOL

1895-1974

Écrivain, dramaturge et cinéaste.
Membre de l'Académie française

En 1929, pour fêter le triomphe de *Marius*, il fut convié chez Raimu. L'acteur était connu pour sa pingrerie et le repas fut très chiche. Le dessert terminé, Raimu ordonna à sa bonne :

– Marie, apportez le cognac. Et le meilleur.

– **Et surtout n'oubliez pas le compte-gouttes.**

⁂

Il tournait un film avec Fernandel. Dans un moment d'agacement, ce dernier maugréa :

– Bon sang, quel métier d'andouille !

– **Heureusement pour toi !**

⁂

Il buvait tranquillement un verre à la cantine du studio avec une comédienne. Celle-ci se plaignait :

– J'ai couché avec le metteur en scène, j'ai couché avec la vedette, avec l'auteur, le producteur, le chef opérateur, et je n'ai pas mon nom sur l'affiche…
– **Tu as oublié l'imprimeur.**

*

On doit également un mot d'esprit à son chauffeur.

Se rendant aux funérailles d'un auteur dramatique, Pagnol fit monter dans sa voiture plusieurs académiciens d'âge canonique. Il ordonna à son chauffeur :

– Menez ces messieurs jusqu'au cimetière.

Après avoir observé ses passagers, celui-ci demanda :

– **Est-ce qu'il faudra les ramener ?**

*

Édouard PAILLERON

1834-1899

Dramaturge. Membre de l'Académie française

Candidat au fauteuil d'académicien, il entama sa série de visites par Ernest Renan. Ce dernier l'introduisit dans son cabinet et l'invita à s'asseoir, proposant d'un ton affable :

– Prenez donc une chaise, cher monsieur.
– **Oh, pardon, maître, mais ce n'est pas une chaise que je suis venu demander, c'est un fauteuil.**

*

Dorothy PARKER

(Dorothy Rothschild)

1893-1967

Écrivaine américaine

On parlait devant elle de l'écrivaine Clare Boothe Luce. Quelqu'un faisait remarquer :

– Elle est toujours extrêmement gentille avec ses inférieurs.

– **Et où donc parvient-elle à en trouver ?**

*

Alors qu'elles observaient à la morgue le cadavre d'Ernest Hemingway, une de ses amies lui confia :

– Tu ne trouves pas qu'il est superbe ?

– **Pas étonnant, il n'a rien bu depuis trois jours.**

*

Étienne-Denis PASQUIER

1767-1862

Homme politique. Membre de l'Académie française

Une partie de whist fut l'occasion d'un mot d'esprit à ses dépends.

Au moment de jouer une carte, il laissa malencontreusement échapper un pet bruyant. Sa partenaire lui lança :

– **J'espère, monsieur, que c'est un singleton**[1].

*

1. Couleur dans laquelle un joueur détient une seule carte.

Simon Joseph PELLEGRIN

1663-1745

Poète et librettiste

Sa pauvreté fut à l'origine d'une répartie.

La représentation de son opéra, *Loth*, débuta par la déclamation de ce vers :

– L'amour a vaincu Loth !

Un plaisantin cria alors du parterre :

– **Il devrait bien en donner une à l'auteur !**

Camille PELLETAN

1846-1915

Député et ministre

Cible de moult quolibets pour son apparence négligée, il suscita un mot d'esprit.

Alors que plusieurs de ses collègues raillaient son hygiène, l'un d'eux tenta de prendre sa défense en soulignant l'application et le zèle du ministre :

– Il prend des notes sur ses manchettes.
– **Au crayon blanc, peut-être ?**

François PÉRIER

(François Pillu)

1919-2002

Acteur

Candidat en 1937 au concours d'entrée au Conservatoire national d'art dramatique, il présenta *Les Fourberies de Scapin* devant un jury comprenant Louis Jouvet. Impitoyable, celui-ci jugea :

– Si Molière t'a vu, il a dû se retourner dans sa tombe.

– **Comme vous l'avez joué avant moi, ça le remettra en place.**

⁂

Jean PIC DE LA MIRANDOLE

1463-1494

Philosophe italien

Dès son plus jeune âge, il manifesta une intelligence exceptionnelle. Lorsqu'il avait 9 ans, il entendit un vieillard prétendre que les gens qui montraient autant d'esprit pendant leur enfance perdaient toute leur intelligence en grandissant. Il repartit :

– **J'en conclus que vous avez eu énormément d'esprit dans votre jeunesse.**

⁂

Pablo PICASSO

1881-1973

Peintre espagnol

Une dame le sollicitait :

– J'aimerais tant que vous me peigniez.
– **Volontiers. Prêtez-moi un peigne.**

⁂

Le 26 avril 1937, durant la guerre d'Espagne, l'aviation allemande, en soutien à Franco, bombarda la ville basque de Guernica, tuant des centaines de civils. Quelques mois plus tard, lors de l'Exposition universelle de Paris, l'ambassadeur allemand, Otto Abetz, découvrit le célèbre tableau de Picasso consacré à cet épisode tragique et lui demanda :

– C'est vous qui avez fait cette horreur ?
– **Non. C'est vous !**

⁂

Charles PINOT DUCLOS

1704-1772

Historien. Membre de l'Académie française

Jean-Pierre de Bougainville se porta candidat à l'Académie française. Pour accroître ses chances d'élection, il tira argument de son mauvais état de santé et de sa mort prochaine. Pinot Duclos, alors secrétaire perpétuel, préféra rétorquer :

– **Ce n'est point à l'Académie de donner l'extrême-onction.**

⁂

Alexis PIRON

1689-1773

Poète et dramaturge

Originaire de Dijon, il se plaisait à comparer les habitants de la ville de Beaune à des ânes. Un soir, il se trouva dans cette ville pour assister à une représentation des *Fourberies de Scapin*. Durant la scène du sac, un petit-maître se mit soudain à pester contre le public :

– Silence, messieurs ! On n'entend pas.
– **Ce n'est pas faute d'oreilles !**

⁂

Au tout début de sa carrière, il fut introduit dans un salon par un insupportable poseur, infatué et prétentieux, qui le présenta à l'assistance en déclarant :

– Vous voulez bien que je vous présente monsieur Piron, qui n'est pas si sot qu'il n'y paraît.
– **C'est toute la différence qu'il y a entre lui et moi.**

⁂

Un plumitif lui soumit deux de ses poèmes et lui demanda lequel il préférait. Après avoir achevé la lecture du premier, il rendit aussitôt son avis :

– **J'aime mieux l'autre.**

⁂

Pierre Honoré Robbé de Beauveset lui lisait un poème intitulé *De la vérole*. La lecture terminée, il lui annonça :

– **On voit bien que vous êtes plein de votre sujet.**

⁂

Il admirait une estampe grivoise représentant la figure biblique de Loth, neveu d'Abraham, entouré de ses deux filles. Il écrivit au bas de l'image :

– **Les voilà bien loties.**

⁂

Apprenant qu'un auteur sans talent avait acheté une maison à Montmartre, dans la rue des Martyrs, il fit cette remarque :

– **Ah, il retourne au pays.**

⁂

Il jouait aux cartes avec une dame qui empestait la transpiration. Au moment crucial de la partie, cette dernière hésita longuement sur la carte à jeter, portant l'odeur de ses aisselles au nez de son adversaire. Finalement, elle joua une carte qui lui permit de faire Piron capot. Ce dernier s'exclama alors :

– **Je sentais ce coup-là depuis longtemps !**

⁂

Assistant un soir à une représentation à la Comédie-Française, il se tenait debout au parterre et transpirait à grosses gouttes. Moqueurs, deux spectateurs situés derrière lui murmurèrent :

– Piron cuit dans son jus.

– **Cela n'est pas surprenant, je suis entre deux plats.**

*

Mme de Tencin lui présenta le curé de Saint-Sulpice qui était admiré pour son extraordinaire habileté à obtenir des legs et des aumônes. Natif comme lui de Dijon, ce dernier lui apprit qu'il avait bien connu son père et affirma :

– Je n'ai jamais vu quelqu'un qui avait les bras si longs.

– **Ah, monsieur le curé, s'il avait eu vos mains au bout de ses bras, je ne serais pas pauvre aujourd'hui.**

*

Pour sa conversation spirituelle, Fontenelle était invité à dîner tous les jours de la semaine chez des hôtes prestigieux désirant égayer leur table. À sa mort en 1757, il fit ce commentaire en voyant passer son convoi mortuaire :

– **Voilà la première fois que Fontenelle sort de chez lui pour ne pas aller dîner en ville.**

*

À l'Opéra, il se trouvait assis par hasard à côté d'une femme dont la conduite indigne ne cessait d'alimenter les cancans mondains. Comme il la fixait avec insistance, la dame se fâcha :

– Allez-vous cesser, monsieur, de me considérer ainsi ?
– **Sachez, madame, que je vous regarde mais ne vous considère pas.**

⁂

Un jeune auteur lui lisait sa dernière tragédie composée de nombreux emprunts. Chaque fois qu'il reconnaissait un vers plagié, Piron ôtait ostensiblement son bonnet. Agacé par ce manège, l'apprenti poète finit par s'emporter :

– Mais enfin pourquoi cette bonnetade à tout propos ?
– **C'est que j'ai l'habitude de toujours saluer mes connaissances.**

⁂

Durant un dîner, pour étaler sa culture, un pédant se vantait d'avoir mangé autant de petits poissons que Samson avait tué de Philistins. Pour lui clouer le bec, il lui demanda :

– **Avec la même mâchoire[1] ?**

⁂

1. Selon la Bible, Samson s'était servi d'une mâchoire d'âne pour vaincre ses ennemis.

Venu assister à une séance publique de l'Académie française, il eut un mal fou à se frayer un passage dans la petite salle de réunion tant les curieux étaient nombreux. Il observa :

– **Il est plus difficile d'entrer ici que d'y être reçu.**

*

En 1765, à la mort du Dauphin, l'archevêque de Paris, connu pour ne pas écrire lui-même ses livres, fit paraître un *Mandement qui ordonne des prières publiques pour le repos de l'âme de feu* Mgr *le Dauphin*. Lorsqu'il demanda à Piron s'il l'avait lu, celui-ci répondit :

– **Non, monseigneur, et vous ?**

*

Il passait un jour devant la maison de l'abbé Jean-Bernard Leblanc, un historiographe qui devait uniquement sa petite notoriété à la protection de Mme de Pompadour. Constatant que sa demeure se trouvait juste à côté de la boutique d'un maréchal-ferrant, il releva :

– **Il habite juste à côté de son cordonnier…**

*

Alors qu'il était au café Procope, il croisa l'abbé Desfontaines, connu pour ses mœurs dissolues. Étonné de voir Piron si élégamment vêtu, celui-ci retroussa ses basques et s'exclama :

– Quel habit pour un tel homme !

Il releva à son tour le manteau usé de l'abbé et riposta :

– **Quel homme pour un tel habit !**

*

Un écrivaillon lui soumit la correction d'un gros cahier de poèmes de son cru. Lorsqu'il lui rendit son manuscrit quelques jours plus tard, le poète amateur ne cacha pas sa joie de constater qu'aucun de ses vers n'avait été rayé d'une croix et s'écria fièrement :

– Quoi, monsieur, point de croix ?

– **Vous ne vouliez quand même pas que je fasse de votre ouvrage un cimetière ?**

*

Confortablement assis en loge et entouré de charmantes jeunes femmes, Voltaire assistait à une représentation lorsqu'il remarqua Piron installé debout au fond du parterre. Pour le narguer, il claironna :

– Comment te trouves-tu ?

Piron ne répondit pas. Quelques jours plus tard, la même scène se reproduisit, sauf que cette fois ce fut Voltaire qui était au parterre et Piron dans une loge. Il cria alors à son rival :

– **À merveille !**

*

Un jour, il aperçut de sa fenêtre Voltaire qui se tenait devant sa porte d'entrée. Se disposant à le recevoir, il attendit son rival plusieurs minutes avant de constater que celui-ci était parti après avoir inscrit sur sa porte : « jean-foutre ». Le lendemain, il se présenta chez Voltaire et lui annonça :

– **J'ai vu votre nom sur ma porte et je m'empresse de vous rendre la visite que vous m'avez faite.**

*

À la fin de sa vie, il devint presque aveugle. Un jour, sa nièce qui l'aidait à se promener aux Tuileries constata que leur passage déclenchait des éclats de rire. Examinant le pantalon de son oncle, elle s'aperçut que celui-ci était complètement déboutonné. Embarrassée, elle lui chuchota :

– Mon oncle, tout le monde nous regarde. Cachez votre histoire.

– **Ah mon enfant, il y a bien longtemps que cette histoire-là n'est plus qu'une fable.**

*

Bernard POIGNANT

Né en 1945

Homme politique

Pour paraître plus proche du peuple, Laurent Fabius publia en 2003 un livre intitulé *Cela commence par une balade*, dans lequel il mettait en avant son goût pour les carottes râpées. Un an plus tard, il subit un important revers électoral lors d'un vote interne du Parti socialiste, s'attirant ce commentaire de Poignant :

– **L'an dernier les carottes étaient râpées, cette fois elles sont cuites.**

*

Paul POISSON DE BOURVALLAIS

Mort en 1719

Financier

D'origine modeste, il avait été autrefois le laquais d'un autre financier, un certain Thévenin. Lors d'une réunion, les deux hommes se querellèrent vivement. À court d'arguments, Thévenin lui lança :

– Souviens-toi que tu as été mon laquais.

– **J'en conviens, mais je ne le suis plus, alors que si tu avais été le mien tu le serais encore.**

Gabrielle de POLIGNAC

(Yolande Martine Gabrielle de Polastron)

1749-1793

Dame de compagnie de Marie-Antoinette

En 1788, Jean-Pierre Claris de Florian fut élu à l'Académie française. Gabrielle de Polignac accusant le nouveau promu de n'avoir écrit que des pastorales, Jean-François Marmontel prit sa défense :

– Ces trente-neuf moutons n'avaient-ils justement pas besoin d'un berger ?

– **Dans ce cas, il fallait lui donner une bergère et non un fauteuil.**

Madame de POMPADOUR

(Jeanne Antoinette Poisson)

1721-1764

Favorite de Louis XV

Son nom de jeune fille, Jeanne Antoinette Poisson, fut prétexte à un mot d'esprit.

À l'apogée de son influence, la marquise demanda au roi que son frère fût décoré de l'ordre du Saint-Esprit, également surnommé le « Cordon bleu ». Louis XV consulta un de ses ministres qui lui fit part de son opposition :

– **Je ne crois pas ce Poisson assez gros pour être mis au bleu[1].**

⁂

Alexander POPE

1688-1744

Poète anglais

Un jour, le roi d'Angleterre l'aperçut déambuler dans les allées de Windsor et s'étonna :

– J'aimerais savoir à quoi peut bien servir ce petit homme qui va de travers.

– **À vous faire marcher droit.**

⁂

1. En cuisine, « mettre un poisson au bleu » signifie le cuire vivant dans un court-bouillon.

Il essuya également une spirituelle répartie.

Voulant piéger un jeune lord qu'il prenait pour un inculte, il lui posa cette question :

– Savez-vous ce que c'est qu'un point d'interrogation ?
– **C'est quelque chose qui vous ressemble : une petite figure crochue toujours prête à questionner.**

*

Charles PORÉE

1675-1741

Prêtre, orateur et homme de lettres

Un jour, il rencontra un magistrat dont il avait célébré l'équité dans l'un de ses discours. Il se courba pour lui rendre hommage, mais l'homme de loi ne daigna même pas le saluer. Il confia alors au prêtre qui l'accompagnait :

– **Voilà un magistrat bien droit.**

*

Albert PRÉJEAN

1894-1979

Acteur

En 1957, il devint M. Loyal dans le premier cirque de l'acteur Jean Richard. Un jour, une dame lui demanda :

– Avec quoi Jean Richard nourrit-il ses lions ?

Le comédien ayant multiplié les films alimentaires pour financer sa coûteuse passion, Préjean répondit :

– **Avec des navets.**

*

Yvonne PRINTEMPS

(Yvonne Wigniolle)

1894-1977

Comédienne

Alors qu'elle visitait un cimetière avec Sacha Guitry, le couple remarqua une tombe sur laquelle était inscrit : « Enfin libre ». Cette épitaphe inspira son compagnon qui lui lança à brûle-pourpoint :

– Sur votre tombe, on écrira : « Enfin froide ».

– **Et vous, Sacha, je ferai écrire sur la vôtre : « Enfin raide ».**

⁂

Pierre Joseph PROUDHON

1809-1865

Théoricien de l'anarchisme

Son ouvrage majeur, Qu'est-ce que la propriété ?, *qui contient la célèbre citation : « La propriété, c'est le vol ! », inspira un mot d'esprit.*

En 1848, lors du dépouillement d'un scrutin, il eut une violente altercation avec le journaliste Félix Pyat. Ce dernier lui assena un soufflet avant de lui lancer :

– Je vous le donne en toute propriété.

L'épisode eut un écho dans toute la capitale et un journaliste y alla de son commentaire :

– **Ce soufflet, M. Proudhon ne l'a pas volé.**

⁂

Nicolas PSAUME

1518-1575

Évêque de Verdun

Durant le concile de Trente, il se fit connaître en dénonçant certains abus de l'Église. Pendant l'un de ses discours, il fut interrompu par un prélat italien qui s'exclama :

– Le coq gaulois chante !
– **Fasse le ciel qu'il réveille saint Pierre.**

PUBLIUS CLAUDIUS PULCHER

Mort vers 244 av. J.-C.

Consul romain

En 249 av. J.-C., juste avant la bataille navale de Drepanum, il voulut prendre les auspices mais apprit que les poulets sacrés refusaient de sortir de leur cage pour manger. Fou de rage, il ordonna qu'on les jetât à la mer, ajoutant :

– **Puisqu'ils ne veulent pas manger, qu'ils boivent !**

Jeanne Françoise QUINAULT

1699-1783

Comédienne

Le duc de Chaulnes avait commandé au peintre Jean-Marc Nattier un portrait de sa femme en Hébé, une divinité de la mythologie grecque. Comme il se demandait en quoi il pouvait se faire représenter, elle lui suggéra :

– **Faites-vous peindre en hébété.**

⁂

QUINAULT-DUFRESNE

(Abraham Alexis Quinault)

1693-1767

Comédien. Frère de la précédente

Il jouait un soir d'une voix si faible que, du parterre, des spectateurs se mirent à crier :

– Plus haut !

– **Et vous messieurs, plus bas !**

⁂

RACHEL

(Élisabeth Rachel Félix)

1821-1858

Comédienne. Sociétaire de la Comédie-Française

En 1854, au moment où la France combattait la Russie lors de la guerre de Crimée, elle se produisait au Théâtre Michel de Saint-Pétersbourg. Durant une réception, des patriotes russes la narguèrent en proclamant :

– Bientôt, nous irons à Paris boire du vin de Champagne !

– **Désolé, mais nous n'en donnons pas à nos prisonniers.**

Jean RACINE

1639-1699

Dramaturge. Membre de l'Académie française

Son décès donna lieu à un mot d'esprit.

Parfait courtisan, il n'aimait guère les Jésuites mais savait les ménager afin de profiter de leur énorme influence. Aussi, lorsqu'à sa mort on apprit qu'il avait décidé de se faire enterrer chez les Solitaires de Port-Royal, ennemis irréductibles des Jésuites, un courtisan fit ce commentaire :

– **Racine ne s'y serait pas fait enterrer de son vivant.**

RAIMU

(Jules Muraire)

1883-1946

Acteur. Sociétaire de la Comédie-Française

À la Libération, la priorité étant à la reconstruction du pays, il fut question de réduire les cachets des vedettes du cinéma français. Raimu, qui était d'une pingrerie extraordinaire, fit cette boutade :

– **On veut remplacer les cachets par des comprimés.**

Erich Maria REMARQUE

(Erich Paul Remark)

1898-1970

Écrivain allemand

Joseph Kessel était capable d'avaler du verre et aimait se donner ainsi en spectacle. Un soir, dans un restaurant à la mode, il épata les convives en mangeant une flûte de champagne et reposa d'un air satisfait le pied du verre devant son assiette. Témoin de la scène, Remarque objecta :

– **Voyons monsieur, vous laissez le meilleur !**

Jean-Michel RENAITOUR

(Jean-Michel Tournaire)

1896-1986

Homme politique, journaliste et homme de lettres

Un député radical-socialiste affirmait :

– La révolution, je l'admets à condition que ce ne soient pas les intellectuels qui en profitent.
– **Seriez-vous ambitieux, monsieur le député ?**

⁂

Ernest RENAN

1823-1892

Écrivain et historien. Membre de l'Académie française

En 1865, il entreprit un voyage en Égypte et en Asie Mineure. Avant son départ, un de ses amis qui connaissait l'Orient le mit en garde :

– Méfie-toi, il y a énormément de voleurs. Tu devrais emporter un fusil.
– **Merci bien, pour qu'ils me le volent !**

⁂

Jules RENARD

1864-1910

Écrivain

On évoquait un habitué des salons parisiens dont l'érudition était surfaite. Une dame affirmait :

– Je l'admire. C'est un véritable puits de science.
– **Oui, mais à sec.**

⁂

On lui apprenait que l'un de ses amis écrivains souffrait du pied. Il répondit :

– **Dame ! À force d'écrire.**

⁂

Pierre RENAUDEL

1871-1935

Député

Proche de Jean Jaurès, il exerça la profession de vétérinaire. Un jour, à l'Assemblée, Clemenceau lui envoya cette pique :

– Monsieur Renaudel, ce Jaurès pour animaux !
– **À votre service, monsieur le président du Conseil.**

⁂

Walter REUTHER

1907-1970

Dirigeant syndicaliste américain

Henry Ford II lui faisait visiter ses usines. S'arrêtant devant une installation entièrement robotisée, l'industriel lui confia tout sourire :

– Voyez-vous Walter, vous ne ferez jamais payer de cotisations syndicales à cette machine-là !
– **Évidemment, mais vous ne lui vendrez pas non plus de voitures…**

⁂

Ernest REYER

(Louis Étienne Ernest Rey)

1823-1909

Compositeur

En 1902, la représentation de *Siegfried* de Richard Wagner, à l'Opéra de Paris, suscita des critiques dithyrambiques. Totalement conquis, Jules Massenet lui avouait :

– Si seulement je pouvais arriver à la cheville de Wagner…
– **Mais vous y êtes, cher maître.**

⁂

Paul REYNAUD

1878-1966

Président du Conseil en 1940

En avril 1940, une expédition franco-anglaise partit à Narvik, en Norvège, afin d'empêcher les Allemands de s'emparer du fer suédois. Certain de la victoire française, il déclara fièrement à l'Assemblée :

– La route du fer est définitivement coupée.

À l'issue de la séance, il reconnut, attablé à la buvette du Palais-Bourbon, un député ayant un fort penchant pour la bouteille et qui n'avait cessé de railler sa métaphore. Il lui lança alors :

– **En ce qui vous concerne, je constate que la route du zinc est définitivement ouverte.**

⁂

Joshua REYNOLDS

1723-1792

Peintre anglais

À un admirateur qui lui demandait comment il mélangeait ses couleurs, il répondit :

– **Avec de la matière grise.**

⁂

Le cardinal de RICHELIEU

(Armand Jean du Plessis de Richelieu)

1585-1642

Ministre de Louis XIII

Venant de recevoir une lettre anonyme, il fit ce commentaire :

– **Voilà une lettre à laquelle je suis au moins dispensé de répondre.**

⁂

Alors qu'il ne s'était engagé ni dans les armées de Louis XIII ni dans celles d'Henri IV, un courtisan sollicitait d'être décoré de l'ordre du Saint-Esprit, l'ordre de chevalerie le plus prestigieux du royaume. Il éconduisit l'ambitieux :

– **Vraiment, monsieur, je m'étonne que n'ayant servi ni le père ni le fils, vous prétendiez au Saint-Esprit.**

⁂

Durant un soir de festivités à la cour, alors que Louis XIII désirait se retirer, il constata que son ministre s'apprêtait à en faire de même et était traité avec plus d'égards par les serviteurs. Agacé, le roi le lui fit remarquer :

– Passez le premier, monsieur le cardinal, n'êtes-vous pas le maître ici ? On dit même que c'est vous qui êtes le vrai roi.

Richelieu prit alors un flambeau des mains d'un page, se plaça devant le souverain et lui répondit :

– **Sire, s'il m'arrive de passer devant Votre Majesté, c'est uniquement pour l'éclairer.**

⁂

Le duc de RICHELIEU

(Louis François Armand
de Vignerot du Plessis)

1696-1788

Maréchal de France. Membre de l'Académie française

Très redouté pour ses sermons sans concession contre les puissants, l'abbé Jean-Baptiste de Beauvais fustigea devant toute la cour le comportement des vieux courtisans qui se complaisaient à mener une vie de plaisirs et de débauche. Principale cible du sermon, Richelieu fut apostrophé par Louis XV, qui lui dit :

– Eh bien Richelieu, il me semble que le prédicateur a jeté bien des pierres dans votre jardin.

– **Oui, sire. Il en a tant jeté que quelques-unes ont rebondi jusque dans le parc de Versailles.**

*

À 84 ans, il décida de se remarier avec une jeune veuve. Le lendemain de la nuit de noces, l'un de ses amis s'empressa de lui demander des détails :

– Comment diable, à votre âge, avez-vous pu vous en sortir ?

– **Je vous répondrai, cher ami, que le plus difficile n'était pas d'en sortir.**

*

Carlo RIM

(Jean Marius Richard)

1905-1989

Écrivain et scénariste

Après avoir entendu un médiocre et vaniteux écrivain prétendre qu'il était le « fils de ses œuvres », il répliqua :

– **Autant dire : « Né de père inconnu. »**

⁂

Il roulait un après-midi sur une route de campagne à travers la garrigue avec sa femme, la peintre Alice Colleye, lorsque cette dernière, subjuguée par les lieux, lui confia :

– Ce paysage me laisse sans voix.

– **Dans ce cas, arrêtons-nous ici.**

⁂

RIP

(Georges Gabriel Thenon)

1884-1941

Dessinateur et chansonnier

On parlait d'un homme fort corpulent qui avait sombré dans l'alcool. Quelqu'un expliquait qu'il cherchait ainsi à échapper aux terribles scènes que lui faisait subir son insupportable épouse. Cette situation lui inspira ce commentaire :

– **Pauvre type, elle le fait tourner en barrique.**

⁂

Il venait de passer un week-end à la campagne dans une exécrable auberge et faisait le récit de son séjour champêtre à une amie. Connaissant l'horrible réputation du lieu, celle-ci s'écria :

– Tu es allé là-bas ? Mais on raconte qu'il y a des fantômes. Dans cet hôtel, les morts reviennent.
– **Ça m'étonnerait, on doit avoir déjà assez de mal à faire revenir les vivants.**

Il annonçait à l'un de ses amis le mariage prochain d'un vieux garçon de leur connaissance. L'ami s'exclama, très étonné :

– Lui qui disait toujours que quand bien même il rencontrerait la femme la plus parfaite du monde, il ne l'épouserait pas.
– **Eh bien, il a tenu parole.**

Une comédienne le questionnait :

– Dans quelle pièce me préférez-vous ?
– **Dans votre chambre.**

RIVAROL

(Antoine Rivaroli)

1753-1801

Écrivain

Dans la pièce *Le Commerce* d'Antoine-Marin Lemierre, écrite en 1756, on trouvait ce vers qui fit fureur à l'époque, au point d'être appelé par ses admirateurs le « vers du siècle » : « *Le trident de Neptune est le sceptre du monde.* » Quand on lui demanda ce qu'il en pensait, Rivarol exprima cette réserve :

– **Ce n'est qu'un ver solitaire.**

*

Le vicomte de Ségur lui avait prêté une bague parée de la tête de César. Lorsque son propriétaire voulut reprendre son bijou, il s'y refusa, prétextant :

– **César ne se rend pas.**

*

Une vieille coquette le questionnait avec déférence :

– Monsieur de Rivarol, combien d'années me donnez-vous ?

– **Pourquoi vous en donnerais-je, madame, n'en avez-vous donc pas assez ?**

*

En 1790, l'abbé de Balivière voulut le mettre en garde contre la profusion de pamphlets antirévolutionnaires :

– C'est l'esprit qui nous perdra.

– **Sauvez-nous !**

*

Dans un salon, un homme qui ne brillait guère par son esprit laissa malencontreusement échapper un pet bruyant. Comme l'assistance manifestait son indignation, il prit sa défense :

– **Auriez-vous préféré que monsieur eût parlé ?**

⁂

Un de ses amis lui reprochait :

– Vous parliez beaucoup l'autre soir avec des gens pourtant ennuyeux.
– **Je parlais de peur d'écouter.**

⁂

En 1793, l'assassinat de Marat dans sa baignoire lui inspira ce commentaire :

– **Il n'a pas eu de chance, pour une fois qu'il prenait un bain.**

⁂

Un très médiocre écrivain qui s'apprêtait à partir en voyage vint lui remettre l'un de ses ouvrages. En guise de remerciement, il lui dit :

– **Vous ne voulez donc pas que je m'aperçoive de votre absence ?**

⁂

Après avoir exposé son point de vue sur la situation politique, un fat lui demandait :

– Partagez-vous mon avis ?
– **Je crains qu'il n'y en ait pas assez pour deux.**

⁂

Au cours d'un dîner chez la princesse de Vaudemont, on présenta du saucisson d'ânon à l'abbé Sabatier. Comme celui-ci rechignait à en manger malgré les encouragements des convives, Rivarol déclara :

– **Inutile d'insister : l'abbé n'en mangera pas, il n'est pas anthropophage.**

*

Claude-Carloman de Rulhière lui promettait :

– Je vous écrirai demain, sans faute.
– **Ne vous gênez pas, écrivez-moi comme à votre ordinaire.**

*

Dans un salon, constatant qu'il s'était brusquement endormi, des bavards voulurent mettre fin à leur conversation et chuchotèrent :

– Laissons dormir monsieur de Rivarol, ne parlons plus.
– **Si vous ne parlez plus, comment voulez-vous que je dorme ?**

*

Quelqu'un lui présentait ses excuses :

– Les mots ont dépassé ma pensée.
– **Oh, ils n'ont pas dû aller bien loin.**

*

Henri ROCHEFORT

(Victor Henri de Rochefort-Luçay)

1831-1913

Journaliste

Dans un numéro de *La Lanterne*, il avait traité le favori de la reine d'Espagne, lequel avait une réputation de maquereau, de « gentilhomme de haute marée qui promène ses écailles dans les salons ». En réaction, l'intéressé le provoqua en duel. Rochefort lui fit connaître sa réponse :

– **D'accord, mais à l'hameçon.**

⁂

Furieux de l'article assassin qu'il avait écrit sur Blanche d'Antigny, le protecteur de la comédienne lui fit parvenir un paquet de plumes d'oie, accessoire qui servait autrefois à écrire. Il observa :

– **Je savais bien que Mlle Blanche d'Antigny plumait ses amants, mais je ne pensais pas que c'était en ma faveur.**

⁂

Il fut appelé comme témoin à décharge dans le procès d'un mari ayant tué l'amant de sa femme. Pour prouver la préméditation, le juge d'instruction s'appuya sur le fait que le prévenu était venu armé au rendez-vous des deux amants. Lors de la déposition de Rochefort, le magistrat lui fit part de cette observation :

– Pouvez-vous soutenir que l'accusé n'avait aucune idée de meurtre alors que son revolver était chargé dans la poche de son veston ?
– **Monsieur le président, j'ai en ce moment sur moi tout ce qu'il faut pour commettre un attentat à la pudeur, or je vous assure que l'idée ne m'en effleure même pas.**

⁂

Theodore ROOSEVELT

1858-1919

Président des États-Unis de 1901 à 1909

Lors d'un débat politique, il fut mouché avec brio.

Représentant du Parti républicain, il tenta de piéger son adversaire en lui demandant publiquement pourquoi il était démocrate. L'autre lui répondit simplement :

– Mon grand-père était démocrate, mon père était démocrate et je suis démocrate.
– Mon ami, supposez que votre grand-père ait été un crétin, que votre père ait été un crétin, que seriez-vous aujourd'hui ?
– **Républicain !**

⁂

Antoine de ROQUELAURE

1544-1625

Maréchal de France

Henri IV reçut à la cour le connétable de Castille venu avec toute sa suite. Durant le repas, Roquelaure fut placé en face d'un Espagnol qui passait son temps à faire de gros rots qu'il ponctuait par cet adage :

– Pour la santé du corps, monsieur le maréchal.

Agacé, il finit par lâcher un pet bruyant avant de dire :

– **Pour la santé du cul, monsieur l'Espagnol.**

Gaston Jean Baptiste de ROQUELAURE

1615-1683

Militaire. Fils du précédent

Le maréchal César d'Albret courtisa la marquise de Courcelles. Bien que celle-ci ne manquât pas d'amants, elle refusa de céder aux avances du militaire, inspirant à Roquelaure ce commentaire :

– **Le brave général à qui rien ne résiste n'a pu l'emporter : il y avait trop de monde dans la place.**

Gioacchino ROSSINI

1792-1868

Compositeur italien

Au cours d'une soirée, on insista pour qu'une des convives accepte de chanter. Après avoir fait beaucoup de manières, celle-ci consentit finalement à interpréter un air de la *Sémiramis* dont il était le compositeur. Juste avant de commencer, elle lui confia :

– Ah, cher maître, que j'ai peur !
– **Et moi donc…**

⁂

Edmond ROSTAND

1868-1918

Dramaturge. Membre de l'Académie française

Il demandait à un critique :

– Donnez-moi votre opinion sur ma pièce.
– Elle est absolument sans valeur.
– **Je sais, mais je serais curieux de la connaître tout de même.**

⁂

Maurice ROSTAND

1891-1968

Poète. Fils du précédent

Au cours d'un dîner, une femme de lettres, intriguée par son abondante chevelure blonde, se pencha vers lui et tira une mèche de son front. Constatant qu'elle résistait, elle déclara :

– Tiens, je croyais qu'ils étaient faux.

À son tour, il arracha une mèche des cheveux de la dame et, voyant qu'elle s'enlevait avec facilité, s'exclama :

– **Tiens, je croyais qu'ils étaient vrais.**

Mélanie ROUAT

1878-1955

Restauratrice

Le gastronome Curnonsky finit sa vie presque ruiné. En 1940, il s'installa chez Mélanie Rouat, qui dirigeait à Riec-sur-Bélon le célèbre restaurant Chez Mélanie, à la notoriété duquel il avait largement contribué. Lorsqu'il lui fit part de ses difficultés financières et la prévint qu'il aurait des difficultés à régler les additions, elle se hâta de le rassurer :

– **Eh bien, mon bon prince, quand on a aidé à bâtir une maison, on a bien droit à une ardoise.**

Charles Hilaire ROUILLÉ DU COUDRAY

1651-1729

Membre du Conseil des finances

Estimé pour sa grande probité, il était également un buveur invétéré. Un jour de discussion au Conseil des finances, le duc de Noailles fit observer :

– Monsieur Rouillé, cela sent la bouteille.

– **Cela se peut, mais cela ne sentira jamais le pot-de-vin.**

*

André ROUSSIN

1911-1987

Dramaturge. Membre de l'Académie française

Un auteur médiocre lui fit parvenir le manuscrit de sa nouvelle pièce en lui joignant une lettre qui commençait par ces mots :

– Maître, j'ai commis une nouvelle pièce.

Il lui adressa cette réponse :

– **La prudence vous commande de garder vos forfaits secrets.**

*

Il entrait dans un restaurant où il avait l'habitude de déjeuner, lorsque le maître d'hôtel lui annonça pour lui mettre l'eau à la bouche :

– Nous avons des escargots !

– **Je sais, la dernière fois c'est l'un d'eux qui m'a servi.**

*

Il fut sollicité par un directeur de théâtre qui désirait remettre en scène une de ses anciennes pièces. Celui-ci lui suggérait :

– Ne pourriez-vous pas faire quelques coupures pour la reprise de votre pièce ?

– **Hors de question : avouez que les coupures ne vont pas avec les reprises.**

*

Pierre Charles ROY

1683-1764

Librettiste et poète

Les nombreux coups de bâton qu'il reçut en réaction à ses satires subversives furent à l'origine d'un mot d'esprit.

Un jour, alors qu'il se trouvait à l'Opéra, un admirateur voulut savoir sur quoi il était en train de travailler. Il indiqua :

– J'écris un ballet.

Un boute-en-train lui conseilla :

– **Monsieur, prenez surtout garde au manche !**

*

Claude-Carloman de RULHIÈRE

1735-1791

Poète et historien. Membre de l'Académie française

Quelqu'un complimentait Rivarol sur les charmes de sa conversation en usant de cette image :

– C'est comme un livre ouvert.

– **Oui, mais toujours à la même page...**

⁂

Robert SABATIER

1923-2012

Écrivain

Un académicien lui affirmait présomptueusement :

– Désormais, je vais redoubler d'efforts pour la défense de notre belle langue française.

– **Vous allez arrêter d'écrire ?**

⁂

Charles de SAINT-ÉVREMOND

(Charles de Marguetel de Saint-Denis)

1614-1703

Écrivain

Un auteur médiocre pavoisait :

– Je voudrais travailler à un ouvrage auquel personne n'a travaillé et ne travaillera jamais.

– **Eh bien, travaillez à votre éloge.**

⁂

Son hostilité à la religion suscita un mot d'esprit.

Disgracié après la découverte d'anciens écrits frondeurs, il dut s'exiler à Londres en 1661 et y demeura jusqu'à sa mort. Bien que sur son lit de mort, il ait refusé à plusieurs reprises la visite d'un prêtre, il fut inhumé dans le coin des poètes à l'abbaye de Westminster, faisant dire à un Londonien le jour de son enterrement :

– **Il est enfin rentré dans une église.**

⁂

Claude Louis Robert de SAINT-GERMAIN

1707-1778

Secrétaire d'État à la Guerre

En 1776, il participait au dîner du roi, lorsque Marie-Antoinette s'amusa à jeter des boulettes sur son mari. Louis XVI lui posa alors cette question :

– Que feriez-vous si l'on tirait ainsi sur vous ?
– **Sire, je colmaterais le canon.**

⁂

SAINT-JUST

(Louis Antoine Léon Saint-Just)

1767-1794

Membre du Comité de salut public

Camille Desmoulins dit un jour à son sujet :

– Il porte sa tête sur ses épaules avec respect comme le saint sacrement.

Lorsque cette pique parvint à ses oreilles, Saint-Just répliqua :

– **Et moi je lui ferai porter la sienne comme un saint Denis[1] !**

⁂

Jules SANDEAU

1811-1883

Écrivain. Membre de l'Académie française

Passant devant un mendiant, il lui donna deux sous. Le clochard s'offusqua :

– Que voulez-vous que j'en fasse, de vos deux sous ?
– **Oh, gardez-les, vous les donnerez à un pauvre.**

⁂

1. Saint Denis mourut décapité et est représenté debout portant sa tête entre les mains.

Jean de SANTEUL

1630-1697

Poète

En 1686 fut inaugurée au centre de la place des Victoires une statue pédestre de Louis XIV réalisée par Martin Desjardins. Pour l'occasion, on y avait gravé d'assez mauvais vers écrits par le secrétaire perpétuel de l'Académie française, François Séraphin Régnier. Après les avoir lus, il déclara simplement :

– **Ce sont des vers à renier.**

*

Louis SARRUT

1850-1927

Premier président de la Cour de cassation

Un jour, alors qu'il chassait avec un jeune juge, un lièvre passa juste devant les deux magistrats. Sûr de ne pas le manquer, le juge épaula son fusil et tira, après s'être exclamé :

– Condamné !

Constatant que son collègue avait manqué la cible et que le lièvre s'était enfui, il objecta :

– **Condamné, peut-être, mais par contumace.**

*

Erik SATIE

(Éric Satie)

1866-1925

Compositeur et pianiste

Quelqu'un lui reprochait d'être imperméable à la mode :

– Vous ne faites rien pour être à la page.
– **Une page est si vite tournée…**

⁂

Maurice de SAXE

1696-1750

Maréchal de France

Un de ses grenadiers, condamné à être pendu pour un menu larcin, eut finalement la vie sauve grâce à une répartie.

Il s'adressait au soldat avant son exécution :

– Il faut que tu sois bien misérable pour risquer de perdre ta vie pour six livres.
– **Parbleu, mon général, je la risque bien tous les jours pour cinq sous.**

⁂

Elisabeth Hermine zu SCHAUMBURG-LIPPE

1908-1933

Princesse allemande

En 1928, elle épousa Benvenuto Hauptmann, fils du romancier Gerhart Hauptmann. Trois semaines plus tard, elle divorça. On se pressa de lui en demander la raison :

– Pourquoi divorcez-vous ?

– **Pour me marier.**

*

Marcel SCHWOB

1867-1905

Écrivain

On parlait d'un officier qui avait dû être amputé d'un bras. Une dame regrettait :

– Quel dommage, un si bel homme…

– **Au contraire, il est encore plus moignon.**

*

Aurélien SCHOLL

1833-1902

Journaliste et dramaturge

On le présenta au philosophe Victor Cousin. Goûtant peu les mots d'esprit, celui-ci avertit son interlocuteur :

– Je n'aime pas l'esprit, monsieur Scholl.

– **Je le sais, maître, j'ai lu vos œuvres.**

⁂

On parlait d'un vieil homme de lettres qui avait cessé de se rendre aux réunions de son cercle. Quelqu'un justifia son absence en disant :

– Il est très malade, il est à moitié gâteux.

– **À moitié ? Il va donc mieux.**

⁂

Sortant d'une médiocre représentation de la pièce *Le roi s'amuse* de Victor Hugo, il déplora :

– **Il est bien le seul.**

⁂

Alexandre Dumas lui parlait d'un piètre écrivain :

– Il m'a donné son dernier ouvrage à lire.

– **Il aurait mieux fait de vous le donner à écrire.**

⁂

Apprenant que son médecin avait prescrit à une célèbre cocotte de rester couchée, il pronostiqua :

– **Elle va faire fortune.**

⁂

Une dame, dont on prétendait qu'elle devait ses faveurs auprès des hommes de lettres aux caresses buccales qu'elle leur prodiguait, fit son entrée dans un salon. Comme sa joue était très enflée, elle expliqua qu'il s'agissait d'une fluxion. Il chuchota à son voisin :

– **Une fluxion ? Je l'aurais plutôt crue enceinte...**

⁂

On parlait d'un incorrigible vantard. Quelqu'un fit remarquer :

– C'est si naturel, il est du Midi.
– **Lui ? Il est même du Midi et demi !**

⁂

Avant d'être acheminée aux États-Unis, la tête de la statue de la Liberté fut exposée à Paris, sur le Champ-de-Mars, lors de l'Exposition universelle de 1878, où elle pouvait être visitée pour cinq centimes. Constatant qu'elle était vide à l'intérieur, il fit ce commentaire :

– **La liberté n'a pas de cervelle...**

⁂

Quelqu'un lui disait avoir rencontré à l'Opéra-Comique un avocat connu pour avoir très mauvaise haleine. Scholl lui demandant s'il s'était bouché le nez, son interlocuteur lui répondit :

– Non, hier soir il ne sentait pas trop mauvais.
– **Alors c'est qu'il avait mangé de l'ail.**

⁂

On parlait d'un patron de presse qui tentait de se donner une image de rigidité et d'inflexibilité. Quelqu'un affirma :

– Il est tout d'une pièce.
– **Oui, mais elle est fausse.**

⁂

Au café Tortoni, il fut abordé par un jeune provincial qui ambitionnait de devenir journaliste. Prêt à tout pour réussir, l'arriviste lui expliquait d'un ton suffisant :

– Je ne crains rien. Je suis prêt aux attaques. J'ai une malle pleine de gifles.
– **Ce sont vos économies ?**

⁂

Une veuve connue pour son tempérament volage faisait visiter sa demeure à ses convives. Apercevant un trophée de chasse constitué de bois et de cornes, il déclara à mi-voix :

– **Quelle admirable veuve, elle a conservé les ossements de son mari…**

⁂

Quelqu'un lui apprenait qu'un financier à la réputation sulfureuse était très malade :

– Il a été condamné par les médecins.
– **Par les médecins ? Ça le change.**

⁂

On parlait d'une femme aux mœurs légères sur laquelle son mari avait fait feu après l'avoir surprise au lit avec son amant. La balle n'ayant atteint qu'une de ses fesses, quelqu'un commenta :

– Ça va quand même lui laisser une jolie cicatrice.
– **Oui, mais sur son visage, elle aurait été beaucoup moins visible.**

⁂

Un soir, en proie à une envie pressante, il se précipita dans une pissotière publique dont tous les urinoirs étaient occupés. Ne pouvant plus se retenir, il se soulagea sur la façade extérieure du bâtiment. Un agent de police qui passait par là le surprit et le rappela à l'ordre :

– Eh bien, ne vous gênez pas ! Et si tout le monde faisait comme vous ?
– **Dame ! Si tout le monde faisait comme moi, il y aurait de la place à l'intérieur !**

⁂

Une dame très collet monté lui écrivait :

– J'aime beaucoup vos fantaisies, mais vous avez parfois des mots un peu trop crus.

Il lui transmit cette réponse :

– **Madame, désormais on vous les fera cuire.**

⁂

Lors d'un dîner, il fut question d'un romancier, auteur d'ouvrages remplis de scènes terrifiantes, mais dont l'hygiène personnelle laissait sérieusement à désirer. Quelqu'un dit :

– Cet écrivain a du talent, mais il a l'esprit diablement noir.
– **Et par malheur, de l'esprit, il en a jusqu'au bout des ongles.**

⁂

En juillet 1894, à la suite de la vague d'attentats anarchistes, le gouvernement français interdit la parution de plusieurs journaux. On en informait Scholl :

– La censure est rétablie.
– **Elle n'avait jamais été malade.**

⁂

Jeanne de SCORAILLES

1655-1688

Abbesse de Chelles

Le 23 août 1680, les festivités organisées à l'occasion de sa bénédiction à l'abbaye de Chelles donnèrent lieu à un mot d'esprit.

La nouvelle abbesse de Chelles étant la sœur de la favorite de Louis XIV, la duchesse de Fontanges, la cérémonie fut d'un luxe inouï et quantité de prélats firent le déplacement. Émerveillée, une dame s'exclama :

– N'est-ce point le paradis ici ?
– **Oh que non, madame, on n'y verrait pas tant d'évêques.**

⁂

Eugène SCRIBE

1791-1861

Dramaturge. Membre de l'Académie française

Pour écrire ses centaines de pièces et de vaudevilles, il eut recours à de nombreux collaborateurs de niveaux très inégaux. Un jour, l'un d'eux passa devant son hôtel particulier et annonça à l'ami qui l'accompagnait :

– Voilà une maison où j'ai mis bien des pierres.

Scribe, qui rentrait chez lui au même moment, entendit le commentaire et répliqua :

– **Oui, dans les vitres…**

Michel Jean SEDAINE

1719-1797

Dramaturge. Membre de l'Académie française

Un de ses amis s'étonnait de le voir encore en tenue de deuil, quatre ans après la mort de son frère. Il répondit :

– **N'est-il point toujours mort ?**

Antoine Jean Mathieu SÉGUIER

1768-1848

Premier président de la cour d'appel de Paris

Lorsque Victor Avoyne de Chantereyne prêta serment devant la cour d'appel où il venait d'être nommé conseiller, Séguier n'entendit que la deuxième partie du patronyme du magistrat. Il l'interpella :

– **Monsieur, vous avez mangé la moitié de votre nom.**

SEM

(Georges Goursat)

1863-1934

Illustrateur

Un profiteur lui confiait qu'il comptait emprunter de l'argent à un riche parfumeur. Comme celui-ci venait de faire faillite, Sem le lui déconseilla, arguant :

– **L'odeur n'a plus d'argent.**

Madame de SÉVIGNÉ

(Marie de Rabutin-Chantal)

1626-1696

Épistolière

On parlait d'un courtisan pour lequel elle avait un profond mépris. Quelqu'un ne partageait cependant pas son opinion et assurait :

– Détrompez-vous, cet homme a beaucoup d'esprit.
– **C'est bien normal, puisqu'il en dépense si peu.**

⁂

George Bernard SHAW

1856-1950

Écrivain irlandais. Prix Nobel de littérature

Au Royaume-Uni, les feuilles de déclaration d'impôt contenaient la question suivante :

– Partagez-vous vos revenus et, si oui, avec qui ?

En remplissant sa fiche, il inscrivit cette réponse :

– **Avec mon percepteur.**

⁂

Une mère poule lui présenta sa fille aînée en lui confiant, admirative :

– Je suis sûre qu'en elle sommeille le génie d'un grand écrivain.
– **Chut ! Ne le réveillez surtout pas…**

⁂

La danseuse Isadora Duncan lui dit un soir en toute candeur :

– Quel miracle ce serait d'avoir un enfant ensemble. Imaginez qu'il ait ma beauté et votre intelligence…

– **Bien sûr, mais supposez que ce soit le contraire.**

⁂

Lors d'une interview, un journaliste lui demanda :

– Dans cent ans, qu'aimeriez-vous que l'on dise de vous ?

– **Que je me porte encore bien pour mon âge.**

⁂

Voulant railler sa maigreur, Winston Churchill lui lança :

– À vous voir, tout le monde pourrait penser que la famine règne en Angleterre.

– **À vous voir, tout le monde pourrait penser que c'est vous qui en êtes la cause.**

⁂

Il lui arriva également de tomber sur plus spirituel que lui.

Pour sa première représentation à New York, une de ses pièces obtint un succès considérable. Enthousiaste, il adressa ce câble à l'actrice qui interprétait le rôle principal : « Excellent ! Magnifique ! Grandiose ! » La comédienne lui répondit humblement : « Vous exagérez. » Shaw lui envoya alors ce nouveau câble :

– Je parlais de ma pièce.

Il reçut cette réponse :

– **Moi aussi.**

⁂

Richard Brinsley SHERIDAN

1751-1816

Dramaturge et homme politique irlandais

Alors qu'il se promenait, deux lords anglais le reconnurent et l'apostrophèrent :

– Nous étions justement en train de parler de vous et nous nous demandions si vous étiez un imbécile ou une canaille.

Sheridan se plaça au milieu des deux acolytes, les prit par les bras et répondit :

– **Je crois que je suis entre les deux.**

*

À la suite d'une maladie, son médecin lui prescrivit un régime sévère, lui interdisant notamment toute boisson alcoolisée. Trois jours plus tard, le docteur lui rendit visite afin de s'assurer que son patient suivait bien son régime et lui rappela :

– Vous savez que c'est le seul moyen que j'ai d'allonger vos jours.
– **Je veux bien vous croire : jamais mes journées ne m'ont paru aussi longues que ces trois dernières.**

*

Tenté par la politique, son fils Thomas lui confiait :

– Quand j'entrerai au parlement, je ne m'associerai à aucun parti politique. Je placerai sous mon nom une petite affiche sur laquelle j'écrirai : « Député à louer ».

– **N'oublie pas d'ajouter en dessous : « Non meublé ».**

*

Un soir, devant le théâtre de Drury Lane, il retrouva un financier avec lequel il avait eu jadis maille à partir. Lorsque les deux hommes arrivèrent devant l'étroite porte d'entrée, le financier le bouscula et s'exclama :

– Apprenez que je ne cède jamais le pas à un coquin.

Il laissa alors passer son ennemi et lui dit :

– **Oh, moi, toujours !**

*

Eugène SILVAIN

1851-1930

Comédien. Sociétaire de la Comédie-Française

Un soir, dans les couloirs de la Comédie-Française, il se retrouva nez à nez avec un critique qui ne cessait de fustiger son jeu. Courtoisement, il laissa passer le journaliste. Celui-ci tint à le remercier par un mot aimable :

– Cher maître, vous jouez Tartuffe à la perfection.

– **Vous aussi.**

*

Armand SILVESTRE

1837-1901

Écrivain

Lors d'une soirée, un jeune auteur à l'ego surdimensionné multiplia les invectives contre ses aînés, claironnant :

– Il n'est pas né celui qui me prouvera que je suis un imbécile.

Silvestre, qui s'était assoupi, rouvrit brusquement les yeux et tonna :

– **Il n'est pas mort non plus.**

*

Winnaretta SINGER

1865-1943

Héritière de l'entreprise Singer

Une arrogante aristocrate, fille du marquis de Fournès, lui jeta avec hauteur :

– N'oubliez pas que le nom de Fournès vaut bien celui de Singer.

– **Pas au bas d'un chèque.**

*

Osbert SITWELL

1892-1969

Poète britannique

Se préparant à traverser la Manche, il remplit son formulaire d'embarquement en compagnie du diplomate et homme politique Harold Nicolson, mari de la poétesse Vita Sackville-West et bisexuel notoire. Ce dernier, connaissant la manie qu'avait Sitwell de se rajeunir, lui demanda d'un air goguenard :

– Quel âge allez-vous indiquer, Osbert ?

– **Quel sexe allez-vous indiquer, Harold ?**

*

SIXTE V

(Felice Peretti)

1521-1590

Pape de 1585 à 1590

Un moine qui désirait ardemment le rencontrer força la garde vaticane et parvint à l'approcher. Témoin de l'agitation et désirant savoir à quel ordre monastique appartenait le tempétueux religieux, il lui posa cette question :

– **De quel désordre êtes-vous ?**

*

Red SKELTON

1913-1997

Acteur américain

En 1958 décédait le producteur américain Harry Cohn, directeur de la Columbia, détesté pour son caractère tyrannique. Comme il y avait un monde fou aux obsèques, il fit ce commentaire :

– **Cela démontre que Cohn avait bien raison quand il disait : « Donnez au public ce qu'il attend et il viendra en masse. »**

⁂

SOCRATE

470 av. J.-C.-399 av. J.-C.

Philosophe grec

Sa femme, Xanthippe, était d'un caractère acariâtre. Un jour, elle se déchaîna contre lui, l'inondant d'un torrent d'injures avant de lui renverser son pot de chambre sur la figure. Il déclara sans se déconcerter :

– **Il fallait bien qu'il plût après un si grand tonnerre.**

⁂

Accusé d'être impie et de corrompre la jeunesse, il fut condamné à mort au terme d'un procès à charge. Lorsque Xanthippe vint lui annoncer en sanglots le verdict du tribunal, il réagit avec un tel détachement que son épouse s'étonna :

– Mais tu as été condamné injustement !

– **Préférerais-tu que ce fût justement ?**

*

Cécile SOREL

(Céline Émilie Seurre)

1873-1966

Comédienne. Sociétaire de la Comédie-Française

Elle fut la cible de plusieurs mots d'esprit.

Alors qu'elle avait atteint un certain âge, elle continuait à jouer le rôle d'Agnès dans *L'École des femmes*. Lors d'une représentation, après qu'elle eut annoncé avoir 18 ans, un spectateur l'interrompit en criant :

– **... de théâtre !**

*

Au moment de la débâcle en 1940, elle jura :

– Les Allemands dans Paris ? Ils me passeront d'abord sur le corps !

Un de ses amis objecta à mi-voix :

– **Je crains qu'ils ne préfèrent contourner l'obstacle.**

*

Frédéric SOULIÉ

1800-1847

Journaliste et écrivain

Très mal servi par un garçon de café, il lui conseilla :

– Il faut vous marier.
– Pourquoi cela ?
– **Parce que vous n'êtes pas fait pour rester garçon.**

⁂

Raymond SOUPLEX

(Raymond Guillermain)

1901-1972

Acteur

En 1950, Cécile Sorel prononça ses vœux dans le tiers ordre franciscain et se retira dans un couvent. Quelqu'un constatant un jour que la comédienne ne faisait plus parler d'elle, il expliqua :

– **C'est normal, elle a mis les voiles.**

⁂

Le marquis de SOUVRÉ

(François Louis Le Tellier)

1704-1767

Militaire

Trouvant à Souvré bien mauvaise mine, Louis XV lui fit remarquer :

– Vous vieillissez… Où voulez-vous être enterré ?
– **Sire, aux pieds de Votre Majesté.**

⁂

Adlai E. STEVENSON

1900-1965

Homme politique américain

Durant la campagne présidentielle de 1956, une militante démocrate l'encouragea :

– Sénateur, vous avez le vote de toutes les personnes qui pensent.
– **Ce n'est pas suffisant, madame, nous avons besoin de la majorité.**

Lytton STRACHEY

1880-1932

Écrivain britannique

Homosexuel, il fut objecteur de conscience pendant la Première Guerre mondiale. Au cours de son audition, le président du tribunal militaire lui posa cette question :

– Et que feriez-vous si vous voyiez un soldat allemand essayer de violer votre sœur ?
– **Je me mettrais entre les deux.**

Dominique STRAUSS-KAHN

Né en 1949

Homme politique

Durant la campagne présidentielle de 2002, il participa à un débat avec Nicolas Sarkozy. Alors que ce dernier citait un rapport de l'INSEE, il l'interrompit, affirmant, péremptoire, que cette étude était très contestée. Son adversaire s'irrita :

– Pardon, on n'est pas à l'université… Merci, monsieur le professeur.

– **Si vous étiez mon élève, vous n'auriez pas fait cette erreur.**

⁂

En 2004, Olivier Besancenot, leader de la Ligue communiste révolutionnaire et facteur de profession, conclut un accord électoral avec Arlette Laguiller, porte-parole de Lutte ouvrière. Cette alliance singulière lui inspira ce commentaire :

– **C'est l'union d'un postier et d'une timbrée.**

⁂

Igor STRAVINSKY

1882-1971

Compositeur russe

Son œuvre la plus célèbre suscita un mot d'esprit.

Le 29 mai 1913, il présenta *Le Sacre du printemps* au Théâtre des Champs-Élysées. L'œuvre suscita un tel tollé que, dans le public, ce bon mot circula :

– **C'est le massacre du printemps.**

⁂

Eugène SUE

(Marie-Joseph Sue)

1804-1857

Écrivain

À la fin de sa vie, Talleyrand, qui avait survécu à tous les régimes politiques depuis la Révolution, déclara avec sa proverbiale suffisance lors d'un dîner :

– Le brie est pour moi le roi des fromages. Il l'était dans ma jeunesse et il l'est resté.

Il glissa alors à l'oreille de son voisin de table :

– **C'est le seul souverain auquel il soit resté fidèle.**

⁂

Robert SURCOUF

1773-1827

Corsaire

Un capitaine anglais fanfaronnait :

– Vous, Français, vous vous battez pour de l'argent. Et nous, Anglais, nous nous battons pour l'honneur.

– **Chacun se bat pour ce qui lui manque.**

⁂

Jonathan SWIFT

1667-1745

Écrivain anglo-irlandais

Alors qu'il était âgé d'une vingtaine d'années, il vit un homme tomber dans un canal. Ne sachant pas nager, le quidam aurait péri noyé s'il ne s'était pas porté à son secours en plongeant dans l'eau et en le ramenant sur la berge. L'heureux rescapé s'avéra être un riche financier qui, pour récompenser son sauveur, lui donna une simple pièce de dix pence. Cette mesquinerie indigna vivement les badauds qui s'étaient attroupés, mais Swift s'interposa :

– **Laissez, monsieur sait mieux que nous ce qu'il vaut exactement.**

⁂

TALLEYRAND

(Charles Maurice de Talleyrand-Périgord)

1754-1838

Homme d'État

Il boitait. Un jour, une dame atteinte de strabisme prit poliment de ses nouvelles :

– Comment allez-vous ?

– **Comme vous voyez.**

⁂

Dans les couloirs d'un théâtre, un individu le fixait avec insistance. Agacé, il s'avança vers l'inconnu et lui en demanda la raison. Celui-ci répondit d'un ton narquois en citant le fameux dicton :

– Cela vous gêne, monsieur ? Ne dit-on pas qu'un chien peut bien regarder un évêque ?

– **Comment savez-vous que je suis évêque ?**

⁂

Commentant les dernières épigrammes raillant Sieyès, Cambacérès lui confiait :

– On a tort, son esprit est très profond.

– **Profond ? Vous voulez dire creux.**

⁂

Il se promenait en compagnie de Louis Marie de Narbonne-Lara qui récitait des vers de sa composition. Apercevant au loin un badaud qui bâillait, il dit à son ami :

– **Regarde donc, tu parles toujours trop haut.**

⁂

En 1808, Napoléon rencontra le tsar Alexandre Ier à Erfurt. À cette occasion, la Comédie-Française présenta une tragédie devant un public illustre comprenant au premier rang les deux empereurs avec, derrière eux, tous les souverains de la confédération. Alors qu'on glorifiait ce « parterre de rois », il corrigea :

– **Vous voulez dire une plate-bande.**

*

À Vienne, après une mémorable partie de cartes, le comte de Palffy gagna en une soirée de quoi se faire construire un château. Lorsqu'il y fut convié, il félicita son hôte sur sa nouvelle demeure :

– **Pas mal du tout, pour un château de cartes.**

*

En 1817, un sordide fait divers défraya la chronique : l'assassinat d'un ancien procureur impérial. Les auteurs du crime étaient les habitants d'une maison malfamée dont la propriétaire se nommait Mme Bancal. Pendant le procès des meurtriers, une dame ironisant sur la claudication de Talleyrand tenta de l'humilier en lui lançant :

– Croiriez-vous, monsieur, qu'on vient d'écrire sur la porte de votre hôtel : maison Bancal ?
– **C'est probablement parce qu'on vous aura vue y entrer.**

*

Alors qu'il avait rendez-vous avec un riche marchand d'armes, on lui signifia à son arrivée que son fournisseur ne pouvait le recevoir car il était parti « prendre les eaux ». Il maugréa :

– **Il faut donc qu'il prenne toujours quelque chose.**

*

Sortant d'une réunion politique à Londres, longue de trois heures, il fut abordé par un aristocrate anglais qui l'interrogea :

– Alors, que s'est-il passé ?
– **Trois heures.**

*

En mai 1830, alors que la colère s'amplifiait contre Charles X, il fut convié chez une dame qui lui demanda son avis sur son fauteuil dont elle avait fait rembourrer le dossier. Il lui répondit :

– **Madame, votre fauteuil est comme le temps qui court, il fait hausser les épaules.**

*

Désabusé, Chateaubriand quitta la vie politique après la révolution de 1830 et vécut claquemuré dans son appartement de la rue du Bac. Pierre-Louis Roederer donnait de ses nouvelles à Talleyrand :

– Il croit qu'il devient sourd.
– **Parce qu'il n'entend plus parler de lui ?**

*

TAMERLAN

1336-1405

Conquérant turco-mongol

Un poète, dont l'anecdote ne précise pas comment il finit, osa le rembarrer par une répartie cinglante.

Alors qu'il était aux bains avec plusieurs courtisans, il joua avec eux à estimer ce que chacun valait en argent. Un poète persan l'ayant évalué à trente aspres, Tamerlan s'exclama :

– Trente aspres ? Mais c'est à peine le prix de ma serviette !

– **Mais je la comptais également.**

Xavier TARTAKOVER

(Savielly Grigorevitch Tartakover)

1887-1956

Grand maître international d'échecs

Sur son lit de mort, il annonça :

– **Cette fois, je suis vraiment très, très mat.**

L'abbé TERRAY

(Joseph Marie Terray)

1715-1778

Contrôleur général des finances

Au printemps 1770, Louis XVI, qui n'était pas encore roi de France, épousa Marie-Antoinette. Pour l'occasion, Louis XV avait organisé à Versailles des fêtes somptueuses qui endettèrent lourdement le royaume. Alors que les festivités n'étaient pas encore terminées, le roi demanda à Terray :

– Comment trouvez-vous mes fêtes ?

– **Impayables.**

*

Après qu'un certain Billard se fut frauduleusement déclaré en faillite, un plaisantin placarda sur la porte de Terray l'inscription suivante :

– Ici, l'on joue au noble jeu de Billard.

Identifié, l'auteur de la plaisanterie fut aussitôt embastillé sur ordre de Terray. Lorsqu'on demanda à ce dernier combien de temps le coupable allait demeurer en prison, il assura :

– **Jusqu'à ce que la partie soit finie.**

*

TERRY-THOMAS

(Thomas Terry Hoar Stevens)

1911-1990

Acteur britannique

Il assistait à la première d'une pièce dans laquelle jouait son cousin, l'acteur Richard Briers. La représentation terminée, le père du jeune comédien s'empressa de lui demander :

– Combien de temps pensez-vous que cette pièce restera à l'affiche ?

– **Quelle heure est-il ?**

⁂

Margaret THATCHER

1925-2013

Premier ministre du Royaume-Uni de 1979 à 1990

Alors qu'elle déjeunait au restaurant en compagnie d'hommes d'un âge avancé, elle commanda un steak bien cuit. Le serveur demanda :

– Et les légumes, madame ?

– **Oh, ils prendront comme moi.**

⁂

Adolphe THIERS

1797-1877

Président de la République de 1871 à 1873

Un aristocrate qui désirait le rabaisser lui posait cette question :

– Monsieur Thiers, de qui descendez-vous ?
– **Moi, monsieur, je ne descends pas, je monte.**

⁂

Henry TORRÈS

1891-1966

Avocat et homme politique

Lors d'un procès, on appela à la barre un témoin qui était également un mouchard notoire. Comme, celui-ci mettait en avant ses qualités de tireur, il lui lança :

– **Oui, je sais, vous faites mouche à tous les coups.**

⁂

Arturo TOSCANINI

1867-1957

Chef d'orchestre italien

Pour avoir fait exécuter avec succès l'œuvre d'un autre compositeur, il perdit l'amitié de Giacomo Puccini. Mais quelques mois plus tard, oubliant qu'il était fâché, ce dernier lui envoya un panettone, comme il en avait l'habitude. Lorsqu'il s'aperçut de son erreur, Puccini lui adressa ce télégramme :

– Panettone envoyé par erreur. Puccini.

Il répondit :

– **Panettone mangé par erreur. Toscanini.**

⁂

Spencer TRACY

1900-1967

Acteur américain

Il voulait toujours voir son nom figurer en premier sur l'affiche des films dans lesquels il jouait. Quelqu'un insistant un jour pour qu'il consente à laisser cet honneur à sa partenaire féminine, il rétorqua :

– **C'est un film, pas un canot de sauvetage.**

⁂

TRIBOULET

(Nicolas Ferrial)

1479-1536

Bouffon de Louis XII et François Ier

Un grand seigneur qu'il avait raillé menaça de le tuer à coups de bâton. Inquiet, il alla sans attendre en avertir le roi. Celui-ci tenta de le rassurer :

– Tu n'as rien à craindre. Si quelqu'un était assez hardi pour te tuer, je le ferais pendre un quart d'heure plus tard.

– **Ah, sire, s'il plaisait à Votre Majesté de le faire pendre un quart d'heure avant, je m'en trouverais bien mieux.**

*

Pour s'être moqué de la reine alors qu'il en avait l'interdiction, il fut condamné à mort par François Ier. Le roi consentit cependant à faire un geste et lui proposa de choisir de quelle manière il voulait périr. Triboulet donna alors cette réponse qui lui permit de voir commuer sa peine en bannissement :

– **De vieillesse.**

*

Fernand TRIGNOL

1896-1959

Acteur et écrivain

Il assistait à l'enterrement d'un ancien coureur cycliste nommé Mimile qui n'avait guère brillé par ses résultats sportifs. La chaleur était caniculaire et, pour rejoindre le cimetière, le cortège funéraire dut gravir une forte pente. Il ne put s'empêcher de dire :

– **C'est bien la première fois que Mimile arrive en tête en haut d'une côte.**

Mark TWAIN

(Samuel Langhorne Clemens)

1835-1910

Écrivain américain

Il examinait une toile toute fraîche de James McNeill Whistler. Estimant qu'un nuage était superflu, il fit mine de l'effacer avec son doigt. Le peintre fulmina aussitôt :

– Mais bon Dieu ! Faites un peu attention. Vous ne voyez pas que la peinture n'est pas encore sèche ?

– **Oh ne vous inquiétez pas, j'ai des gants, je ne risque rien.**

On lui posa cette question :

– Que deviendraient les hommes dans un monde sans femmes ?

– **Rares, très rares.**

⁂

Un journal ayant annoncé sa mort par erreur, il adressa un démenti au quotidien accompagné de ce mot :

– **Quand mon heure fatale aura sonné, vous pourrez vous flatter d'avoir été les premiers à publier cette nouvelle.**

⁂

Miguel de UNAMUNO

1864-1936

Écrivain espagnol

Alors qu'un vent de révolte soufflait contre le dictateur espagnol Miguel Primo de Rivera, quelqu'un lui disait :

– Il paraît que la jeunesse estudiantine espagnole est aujourd'hui unanime contre le général Primo de Rivera.

– **Oh, il y a longtemps qu'il a perdu toutes ses facultés...**

⁂

Pierre-Jean VAILLARD

1918-1988

Chansonnier

On lui apprenait qu'un très mauvais metteur en scène s'apprêtait à porter à l'écran l'histoire de Marie-Antoinette. Il fit ce commentaire :

– **Pauvre reine, à nouveau exécutée…**

⁂

Kees VAN DONGEN

(Cornelis Theodorus Marie Van Dongen)

1877-1968

Peintre

Un jour, à Deauville, une grosse dame s'assit malencontreusement sur ses lunettes. Comme elle se confondait en excuses, il soupira :

– **Bah, je préfère que ce soit arrivé au moment où je ne les avais pas sur le nez.**

⁂

Jean de VAYRAC

1664-1734

Abbé et historien

Il fut apostrophé par un individu qui, constatant que son chapeau était dans un sinistre état, voulut faire de l'humour en lui demandant durant quelle bataille son couvre-chef avait été percé. Vayrac se saisit alors de sa canne et en donna plusieurs coups sur les épaules de l'effronté, avant de s'exclamer :

– **À la bataille de Cannes[1] !**

*

Pierre VEBER

1869-1942

Écrivain

En 1898, l'écrivain Willy refusa de signer une pétition parue dans *La Revue blanche*. Comme il était de notoriété publique que ce dernier faisait appel à des nègres pour écrire ses livres, Veber ne manqua pas de faire remarquer :

– **C'est la première fois que Willy refuse de signer quelque chose qu'il n'a pas écrit.**

*

1. Célèbre bataille qui opposa Rome à Carthage en 216 av. J.-C.

Carle VERNET

(Antoine Charles Horace Vernet)

1758-1836

Peintre

Lorsqu'en 1800 Alexandre Duval présenta sa nouvelle pièce, *Maison à vendre*, il l'interrogea :

– Que dis-tu de ma comédie ?

– **Je n'y vois qu'une pièce à louer.**

*

En 1811, le peintre Antoine-Jean Gros fut chargé de décorer la coupole du Panthéon. Quand sa peinture, intitulée l'*Apothéose de sainte Geneviève*, fut dévoilée au public, Vernet, qui avait à se venger d'une épigramme de son confrère, fit ce commentaire :

– **C'est plus gros que nature.**

*

Horace VERNET

1789-1863

Peintre. Fils du précédent

Comme son père, il eut pour rival le peintre Antoine-Jean Gros. Peu après avoir sévèrement critiqué un de ses tableaux, ce dernier convia Vernet à venir admirer une composition qu'il avait tout juste achevée pour un plafond du Louvre, intitulée *Le Temps*. À peine entré, Vernet ouvrit ostensiblement son parapluie avant de quitter les lieux en lançant :

– ***Le Temps* est mauvais, je me sauve.**

*

Pierre VÉRON

1831-1900

Journaliste et écrivain

On parlait d'un homme qui avait fait de très mauvais placements. Une dame cancanait :

– Le pauvre, il paraît qu'il est dans les dettes jusqu'au cou.
– **Heureusement qu'il n'est pas grand…**

*

Au restaurant, après avoir examiné le menu, il finit par passer sa commande au serveur :

– Pour commencer, donnez-moi une faute d'orthographe.
– Mais nous n'en avons pas.
– **Alors dans ce cas, pourquoi les mettez-vous sur le menu ?**

*

Jenny VERTPRÉ

(Françoise Fanny Vausgien)

1797-1865

Comédienne

Lorsqu'elle fut présentée à Mlle Jawurek, cette dernière s'exclama :

– Oh, elle est petite, c'est tout au plus si elle mesure quatre pieds.
– **C'est vrai, mademoiselle, mais vous en avez un qui en vaut quatre.**

*

Gaëtan VESTRIS

1729-1808

Danseur italien

C'est lui qui forma son fils, Auguste, à la danse. Devant les progrès du jeune homme, quelqu'un le félicita :

– Savez-vous que votre fils vous surpasse ?
– **Je le crois bien, car je n'ai pas eu un aussi bon maître que lui.**

Louis VEUILLOT

1813-1883

Journaliste et écrivain

Alors qu'il était candidat à une élection dans le Loiret, il sollicita l'appui d'un notable influent auquel il avait autrefois rendu un immense service. Privilégiant ses convictions politiques, celui-ci refusa de lui apporter son soutien et, pour se prémunir de toute accusation d'ingratitude, lui assura :

– Demandez-moi tout ce que vous voudrez, sauf de me déjuger. Tenez : demandez-moi mon sang et je vous le donnerai de tout cœur.
– **Merci, mais le sacrifice serait inutile, je ne fais pas de boudin.**

Boris VIAN

1920-1959

Écrivain

Un raseur lui disait :

– Il faut toujours voir le bon côté des choses.
– **Alors retournez-vous !**

⁂

Horace de VIEL-CASTEL

(Horace de Salviac de Viel-Castel)

1802-1864

Conservateur du musée du Louvre

Un quidam prétendait :

– Aujourd'hui, l'esprit court les rues.
– **C'est donc pour cela qu'il est si difficile à attraper.**

⁂

Claude Louis Hector de VILLARS

1653-1734

Maréchal de France. Membre de l'Académie française

En 1734, il rendit visite au roi de Sardaigne, Charles-Emmanuel III. Âgé de 81 ans et complètement ivre, il trébucha et s'écroula devant le souverain, mais conserva assez de présence d'esprit pour se rattraper en proclamant :

– **Me voilà porté tout naturellement aux pieds de Votre Majesté.**

⁂

L'une de ses discussions avec un délégué de la Comédie-Française donna également lieu à un mot d'esprit.

Le délégué demandait à Villars qu'on mette fin aux entrées dont bénéficiaient les pages de la maison du roi. Prenant la défense des jeunes serviteurs, Villars fit remarquer :

– Ces pages sont si jeunes. Ils ne prennent pas de place.
– **Je demande pardon à monseigneur, mais plusieurs pages font un volume.**

⁂

Abel François VILLEMAIN

1790-1870

Homme politique. Membre de l'Académie française

Amie de Marie-Antoinette, la princesse de Lamballe avait été affreusement massacrée en septembre 1792 et sa tête, accrochée à une pique, promenée sur plusieurs kilomètres par les révolutionnaires. L'homme de lettres Pierre-François Tissot fut longtemps accusé d'avoir fait partie de ce sinistre cortège. Bien des années plus tard, au cours d'une discussion très animée, celui-ci lança à Villemain :

– Vous portez bien haut la tête, monsieur.
– **Oui, mais au moins je ne porte que la mienne.**

⁂

Alfred de Musset ayant une nouvelle fois manqué une séance de l'Académie française à cause d'une beuverie, un immortel releva :

– Ne trouvez-vous pas qu'il s'absente un peu trop ?
– **Dites plutôt qu'il s'absinthe un peu trop.**

⁂

Hippolyte de VILLEMESSANT

1810-1879

Directeur du *Figaro*

Trouvant le dernier numéro particulièrement mauvais, le propriétaire du *Figaro* lui fit part de son mécontentement. Il s'empressa de le rassurer :

– **Ne vous inquiétez pas : nous ne le referons plus.**

⁂

Attablé à la terrasse d'un café, il fut reconnu par Jules Vallès. Pour le provoquer, ce dernier prit un numéro du *Figaro* et fit mine de s'essuyer les fesses avec en s'exclamant :

– Voilà ce que j'en fais, de votre journal !
– **Oh, monsieur, pour une fois que cela vous arrive, vous y mettez bien de l'ostentation.**

⁂

Le duc de VIVONNE

(Louis Victor de Rochechouart de Mortemart)

1636-1688

Maréchal de France

Lui faisant découvrir les nouveaux bâtiments de Versailles, Louis XIV lui demanda :

– Vous rappelez-vous qu'il y avait un moulin à cet endroit ?

– **Oui, sire. Mais si le moulin n'y est plus, le vent y est encore.**

⁂

L'abbé de VOISENON

(Claude-Henri de Fusée de Voisenon)

1708-1775

Écrivain. Membre de l'Académie française

Comme il bavardait un peu fort durant une représentation, un spectateur le rappela à l'ordre :

– Taisez-vous donc, bête à foin, vous m'empêchez d'entendre !

– **Monsieur, ne vous ôtez donc pas les morceaux de la bouche.**

⁂

Sur son lit de mort, le prêtre qui était à ses côtés le conjura de se réconcilier avec Dieu. Voisenon lui remit alors son bréviaire et son crucifix en déclarant gaiement :

– **Rupture entière, monsieur, je vous rends lettres et portraits.**

⁂

VOLTAIRE

(François Marie Arouet)

1694-1778

Écrivain. Membre de l'Académie française

En 1717, il fut embastillé pour quelques vers satiriques contre le Régent. Lorsqu'un an plus tard ce dernier ordonna sa libération, il alla aussitôt le remercier. Le Régent lui ayant annoncé qu'il allait lui octroyer une pension, il adressa cette requête à son bienfaiteur :

– **Monseigneur, je remercie Votre Altesse de vouloir bien continuer à se charger de ma nourriture ; mais je la supplie de ne plus se charger de mon logement.**

⁂

Ardent défenseur de l'écriture en prose, Antoine Houdar de La Motte publia en 1723 une tragédie en vers, intitulée *Inès de Castro*. Félicitant Voltaire pour sa première pièce, *Œdipe*, il ne put s'empêcher de lui dire :

– C'est le plus beau sujet du monde, il faut que je le mette en prose.

– **Faites cela et je mettrai votre *Inès* en vers.**

⁂

Lorsque Jean-Baptiste Rousseau écrivit son ode *À la postérité*, il ironisa :

– **Voilà un message qui n'ira pas à son adresse.**

*

Il reçut la visite de Mme de la Villemenue, une vieille dame fort coquette, élégamment vêtue, et qui désirait tester ses charmes surannés sur lui. Aussi, lorsqu'il porta son regard sur la poitrine de sa visiteuse, celle-ci s'écria avec une surprise affectée :

– Comment, monsieur de Voltaire, est-ce que vous songeriez encore à ces petits coquins-là ?
– **Petits coquins ? Ce sont plutôt de grands pendards.**

*

Auteur très précoce, François de Baculard d'Arnaud avait déjà écrit trois tragédies à l'âge de 17 ans. Un jour, il révéla à Voltaire :

– Si je ne suis pas académicien à quarante ans, je me brûle la cervelle.
– **Taisez-vous, tête brûlée.**

*

L'une de ses têtes de Turc favorites était le poète Lefranc de Pompignan. Lorsque celui-ci publia *Poésies sacrées*, il y alla de ce commentaire :

– **Sacrées, elles le sont car personne n'y touche.**

*

Lefranc de Pompignan avait un frère qui était évêque du Puy. Un jour, ce dernier lui adressa une lettre dans laquelle il le menaçait de lui couper les oreilles. Il observa :

– **La famille Pompignan en veut particulièrement à mes oreilles : l'un des frères les écorche depuis trente ans et l'autre se propose de me les couper.**

⁂

Issu d'une famille de magistrats de Bordeaux, Montesquieu exerça la charge de président du parlement. En 1755, il assista à la représentation de sa pièce, *L'Orphelin de la Chine*, durant laquelle il s'endormit. Humilié, Voltaire lui jeta son chapeau à la tête et s'écria :

– **Il croit être à l'audience.**

⁂

Alors qu'il faisait l'éloge du savant suisse Albrecht von Haller, un de ses amis lui fit remarquer :

– Pourtant vous savez qu'il dit beaucoup de mal de vous…

– **C'est probablement parce que nous nous trompons tous les deux.**

⁂

L'éditeur Charles Joseph Panckoucke lui parlait de sa sœur Amélie :

– Savez-vous que si toutes les éditions de vos œuvres se perdaient, vous en trouveriez une dans la mémoire de ma sœur ?

– **Et corrigée !**

⁂

Un homme de lettres de province en visite à Ferney se présenta :

– J'ai l'honneur d'être de l'académie de Châlons. Elle est, comme vous savez, fille de l'Académie française.

– **Oh oui, et une brave fille qui n'a jamais fait parler d'elle.**

⁂

Un autre jour, il accueillit un avocat du Bugey qui s'exclama en entrant :

– Je viens saluer la lumière du monde.

– **Madame Denis, apportez les mouchettes[1] !**

⁂

Un de ses amis, ayant mené une vie particulièrement dissolue et sentant sa fin venir, décida de rédiger ses dernières volontés. Comme il désirait lui léguer une partie de ses biens, il le fit venir à son chevet et lui lut le début de son testament, lequel commençait par la formule consacrée :

– Premièrement, je donne et lègue mon âme à Dieu.

– **Mon pauvre ami, je crains bien que Dieu ne renonce à la succession.**

⁂

1. Petits ciseaux qui servaient à raccourcir la mèche d'une chandelle.

En 1734, sa pièce, Adélaïde du Guesclin, *fut à l'origine d'un mot d'esprit.*

Lors de la première représentation, durant le dernier acte, le personnage du duc de Vendôme apostropha le sire de Coucy en terminant par ce vers :

– Es-tu content, Coucy ?

Un spectateur déclencha l'hilarité générale en criant à ce moment-là :

– **Couci-couça !**

H. G. WELLS

(Herbert George Wells)

1866-1946

Écrivain britannique

En 1938, lors de la crise des Sudètes, un de ses amis, partisan d'un rapprochement avec l'Allemagne nazie, chercha à le convaincre qu'Hitler n'était pas dangereux :

– C'est un rêveur bien plus qu'un homme d'action.

– **Peut-être, mais je trouve que ce rêveur a un sommeil bien agité…**

Mae WEST

1893-1980

Actrice américaine

Hedda Hopper lui demandait comment elle était parvenue à en savoir autant sur les hommes. Sa réponse fusa :

– **Chérie, j'ai suivi les cours du soir.**

⁂

Oscar WILDE

1854-1900

Écrivain irlandais

En janvier 1882, il entama une grande tournée de conférences aux États-Unis. Lorsqu'il débarqua à New York, les douaniers lui demandèrent s'il avait une marchandise illicite à déclarer. Il fit simplement savoir :

– **Rien d'autre que mon génie.**

⁂

Une dame l'interpellait :

– Vous ne vous souvenez donc pas de moi ? Je suis Mrs Smith.

– **Mais bien sûr, madame, je me souviens parfaitement de votre nom, mais je ne peux jamais me rappeler votre visage.**

⁂

Un étranger lui annonça :

– Je suis passé devant votre maison l'autre jour, mais je n'ai pas voulu vous déranger.
– **Ah, merci !**

⁂

À la mort d'Alfred Tennyson en 1892, Lewis Morris fut candidat à sa succession au titre de « poète lauréat », décerné au poète officiel de la couronne britannique. Constatant que son nom n'était jamais mentionné dans les salons, il s'en plaignit auprès de Wilde :

– Il existe contre moi une véritable conspiration du silence. Cher ami, que faut-il faire ?
– **Rejoignez-la.**

⁂

Quand on lui présenta la chanteuse Yvette Guilbert, celle-ci lui dit d'un ton provocateur :

– Vous voyez en moi, monsieur Wilde, la femme la plus laide de Paris.
– **Du monde, madame, du monde !**

⁂

Le 30 novembre 1900, il s'éteignait des suites d'une méningite dans une sordide chambre d'hôtel de Paris. Sur son lit de mort, lorsque son médecin lui présenta sa note qu'il était dans l'incapacité de régler, il soupira :

– **Je meurs comme j'ai vécu, au-dessus de mes moyens.**

⁂

John WILKES

1725-1797

Homme politique et journaliste britannique

Lors d'une campagne électorale, un homme dont il sollicitait la voix l'éconduisit brutalement :

– Je préférerais encore voter pour le diable !
– **Et si votre candidat ne se présente pas ?**

⁂

Albert WILLEMETZ

1887-1964

Librettiste et parolier

Dans un petit restaurant, il reconnut une jeune femme qui avait passé des auditions pour devenir chanteuse et qui gagnait sa vie comme serveuse. Lorsqu'elle lui apporta l'addition, il releva une erreur et dit :

– **La note n'est toujours pas juste…**

⁂

WILLY (Henry Gauthier-Villars)

1859-1931

Écrivain et journaliste

Il assistait à un récital de salon où se produisait un très mauvais pianiste. Son voisin, qui n'appréciait pas davantage le concert, lui fit remarquer :

– C'est à croire qu'il ne s'entend pas.
– **Alors faites-lui signe qu'il a fini.**

⁂

Un écrivain venait d'épouser une femme de lettres aussi dépourvue de talent que lui. L'événement lui inspira ce commentaire :

– **Il cherchait une âme sœur, il n'a trouvé qu'un confrère.**

⁂

Chef du protocole durant la Première Guerre mondiale, William Martin était considéré comme un petit bureaucrate, sournois et arriviste. Un de ses amis lui confiait à son sujet :

– Tu ne trouves pas que ce chafouin a un visage ingrat ?
– **Mais de quoi lui serait-il bien reconnaissant ?**

⁂

Lors d'une soirée chez Maxim's, la Belle Otero eut une altercation avec l'une de ses rivales qui l'avait traitée d'« indécente de lit » et lui planta sa fourchette dans le postérieur. Il rendit compte de l'incident par ce commentaire :

– **La fourchette vient enfin de pénétrer dans les couches profondes de la société française.**

⁂

On discutait de deux personnages célèbres à qui la rumeur publique prêtait une liaison. Quelqu'un assurait :

– Je suis sûre qu'il n'y a rien entre eux.
– **Pas même une chemise…**

⁂

En 1925, il assista à la représentation de *Mozart*, une opérette de Reynaldo Hahn. Il fit bientôt part de sa déception à l'un de ses amis, lequel tenta de défendre vaille que vaille le compositeur :

– N'oubliez pas qu'il est l'auteur de *Ciboulette*.

– **Eh bien avec son *Mozart*, ça en fait sept.**

*

Il avait traité de « carpe éolienne » une cantatrice nommée Mme Purnode, dont le manque de talent exigeait à chacun de ses concerts la présence d'un rang de spectateurs payés pour l'applaudir (ce que l'on appelle une « claque »). Lors d'une soirée mondaine, celle-ci se vengea en le giflant si violemment qu'elle faillit l'éborgner en brisant son monocle. Il déclara alors devant tout le monde :

– **Décidément, madame Purnode ne peut rien faire sans le secours d'une claque.**

*

Harold WILSON

1916-1995

Premier ministre du Royaume-Uni
de 1964 à 1970 et de 1974 à 1976

Durant un meeting, il fut interrompu par un perturbateur qui cria :

– Du vent, du vent !

– **Ne vous impatientez pas, j'ai prévu de parler de votre activité.**

*

Peg WOFFINGTON

(Margaret Woffington)

1714-1760

Comédienne irlandaise

Une répartie suscitée par sa vie sentimentale tumultueuse la laissa sans voix.

Un soir, à la fin d'une représentation où elle venait d'interpréter un rôle masculin, elle déclara fièrement :

– C'est étonnant ! La moitié du parterre me croit un homme.

Un de ses camarades répliqua :

– **Rassurez-vous, l'autre moitié ne doute pas du contraire.**

Catherine Noël WORLEE

1762-1834

Salonnière

En 1802, après avoir mené une vie de courtisane sous le nom de Mme Grand, elle épousa en secondes noces le célèbre Talleyrand, alors ministre des Affaires extérieures. Bonaparte lui conseilla, non sans goujaterie :

– J'espère que la bonne conduite de la citoyenne Talleyrand fera oublier les légèretés de madame Grand.

– **Je ne saurais mieux faire que de suivre, à cet égard, l'exemple de la citoyenne Bonaparte.**

Mary WORTLEY MONTAGU

1689-1762

Écrivaine anglaise

Elle discutait avec Voltaire de l'œuvre de William Shakespeare. Le Français se montra assassin à l'égard de l'illustre dramaturge, déclarant notamment :

– C'est moi qui le premier ai montré aux Français quelques perles que j'avais trouvées dans son énorme fumier.

Faisant allusion à certains plagiats de Voltaire, elle répliqua :

– **En ce cas, c'est un fumier qui fertilise une terre bien ingrate…**

⁂

Jean YANNE (Jean Gouyé)

1933-2003

Comédien, réalisateur et humoriste

En 1969, Claude Chabrol le convoqua pour lui proposer un rôle dans son film *Que la bête meure* et lui annonça :

– Ça ne te gênerait pas de jouer un pourri total ?

– **Je n'y vois aucune abjection.**

⁂

Un journaliste lui demandait :

– Qu'aimeriez-vous laisser derrière vous ?

– **Des dettes.**

⁂

Frank ZAPPA

1940-1993

Chanteur et musicien américain

Lors d'une émission de télévision, il fut confronté à un vétéran de la Seconde Guerre mondiale qui exhibait sa jambe de bois. Le militaire l'apostropha :

– Si j'en juge par vos cheveux longs, vous êtes une fille ?

– **Et si j'en juge par votre jambe de bois, vous êtes une table ?**

Émile ZOLA

1840-1902

Écrivain

En 1887, la parution de La Terre *lui valut une avalanche de critiques et inspira un mot d'esprit.*

Dans cet ouvrage, il dépeignait de manière extrêmement crue le monde paysan. Comme il décrivait abondamment les pets de ses héros, un critique lança :

– **Il est passé de *Germinal* à *Ventôse*.**

BIBLIOGRAPHIE

Les mots d'esprit s'inscrivent essentiellement dans le registre de l'oralité et sont d'abord mentionnés par ceux qui en ont été les témoins directs ou indirects. Les sources de première main sont à cet égard très nombreuses : correspondance, journal, mémoires, chroniques, recueil de souvenirs, notes, interviews... Parmi les auteurs les plus prolixes en la matière, on peut citer Gédéon Tallemant des Réaux, pionnier du genre au XVIIe siècle avec ses *Historiettes*, Nicolas de Chamfort, le baron de Grimm, les frères Goncourt, Jules Renard, Jean Galtier-Boissière, Raymond Castans...

De la fin du XVIIe siècle jusqu'au milieu du XIXe siècle, les mots d'esprit étaient compilés dans des recueils d'anecdotes intitulés « ana ». Chaque ana était consacré à une personnalité à laquelle on rendait hommage à travers ses meilleurs bons mots et traits d'esprit. L'ana pouvait également être dédié à une thématique précise, comme les mots d'esprit des comédiens, des femmes, des Gascons ou des Orientaux. Parmi les meilleurs ana citons *Menagiana* (1693), *Biévriana* (1800), *Chamfortiana* (1800), *Henriana* (1801), *Grivoisiana* (1801), *Révolutioniana* (1802) ou *Arnoldiana* (1813). L'auteur le plus prolifique dans ce registre est sans conteste Charles-Yves Cousin d'Avallon qui, durant près de trente ans, publia des dizaines d'ana tels que *Voltairiana*, *Pironiana*, *Fontenelliana*, *Feminaeana*, *Comediana*, *Malherbiana*, ou *Rivaroliana*. En 1791, Jacques Lacombe fit paraître *Encyclopediana, ou Dictionnaire encyclopédique des ana*, une compilation d'ana précédemment édités et qui formait un des volumes de l'*Encyclopédie méthodique*.

Pour ce qui est des autres ouvrages de compilation antérieurs à la Première Guerre mondiale, citons Louis Sallentin, à qui l'on doit un dictionnaire d'anecdotes en 21 volumes publié entre 1804 et 1806 et intitulé *L'Improvisateur français*, Lorédan Larchey, auteur des *Joueurs de mots* (1867) et de *L'Esprit de tout le monde* (1892-1914), Victor Fournel et son *Dictionnaire encyclopédique d'anecdotes modernes, anciennes, françaises et étrangères* (1872), ainsi que Léon Vallée qui publia en 1903 *La Sarabande. Choix d'anecdotes, bons mots, chansons, gauloiseries, épigrammes, épitaphes, réflexions et pièces en vers des Français, depuis le* XVe *siècle jusqu'à nos jours*.

À la fin du XIXe siècle, de nombreux journaux recensèrent également des mots d'esprit, à l'instar du célèbre quotidien *Le Gaulois*, qui y consacra une petite rubrique quasi quotidienne.

Dans les années 1920, Léon Treich fit paraître chez Gallimard une collection de quarante nouveaux ana. La moitié était consacrée à des auteurs (*L'Esprit de Clemenceau*, *L'Esprit de Victor Hugo*, *L'Esprit de Voltaire*...), l'autre moitié à des thématiques (*Histoires gauloises*, *Histoires de chasse*, *Histoires judiciaires*...). Il publia par la suite deux autres recueils de mots d'esprit : *L'Esprit français* (Éditions de France, 1943) et *L'Esprit français contemporain* (Les Éditions de Paris, 1947).

Mentionnons également les innombrables recueils d'histoires drôles d'André et Mina Guillois, très riches en mots d'esprit.

Enfin, de nombreuses réparties citées dans ce recueil ont été extraites des ouvrages suivants :

Marcel Achard, *Rions avec eux : les grands auteurs comiques*, Fayard, 1957.

Alphonse Allais, *Pensées, textes et anecdotes*, le Cherche Midi, 2000.

José Artur, *Dictionnaire de pensées humoristiques*, le Cherche Midi, 2013.

Stéphane Bern, *Le Bel Esprit de l'histoire*, Albin Michel, 2013.

Stéphane Bern, *Piques et répliques de l'histoire*, Albin Michel, 2017.

Tristan Bernard, *Les Pensées*, le Cherche Midi, 1989.

Tristan Bernard, *Dictionnaire humoristique de A à Z*, le Cherche Midi, 1993.

Francis Blanche, *Pensées, répliques et anecdotes*, le Cherche Midi, 1996.

Denis Boissier, *Dictionnaire des anecdotes littéraires*, Éditions du Rocher, 1995.

Guy Breton, *Tout l'humour de Clemenceau*, J. Grancher, 1995.

Robert Brisebois, *Le Petit Bob. Dictionnaire des ripostes assassines à travers l'histoire*, Stanké, 2003.

Jeanne Brunet, *Le Livre d'or de l'esprit français*, Les Productions de Paris, 1962.

Raymond Castans, *L'Amateur d'anecdotes*, Éditions de Fallois, 1998.

Raymond Castans, *Le Grand Dictionnaire des mots d'esprit*, LGF - Livre de poche, 1998.

Bernadette de Castelbajac, *Les Mots les plus drôles de l'histoire*, Perrin, 1988.

Bernadette de Castelbajac, *Les Mots les plus méchants de l'histoire*, Perrin, 1998.

Jean Cazeneuve, *Le Mot pour rire*, La Table ronde, 1984.

Jean Cazeneuve, *Du calembour au mot d'esprit*, Éditions du Rocher, 1996.

Didier Chirat, *Mots d'esprit, reparties drolatiques et autres vacheries de l'Histoire de France*, La Librairie Vuibert, 2014.

Michel Chrestien, *Esprit, es-tu là ?*, Gallimard, 1957.

Michel Chrestien, *Humour, quand tu nous tiens*, Gallimard, 1959.

Michel Chrestien, *Le Savoir-rire... Jour et nuit*, Hachette, 1967.

Olivier Clodong, *Et toc !*, Mille et une nuits, 2015.

Jean-Pierre Colignon, *Du tac au tac ! Piques ironiques, répliques cinglantes*, Albin Michel, 2008.

Coll., *Ainsi parlait de Gaulle : les mots du Général*, Albin Michel, 2010.

Coll., *Le Petit Livre des répliques les plus drôles*, le Cherche Midi, 2004.

Coll., *Le Petit Livre des méchancetés les plus drôles*, le Cherche Midi, 2005.

Coll., *Le Petit Livre des anecdotes les plus drôles*, le Cherche Midi, 2006.

Coll., *Le plus drôle de l'humour, de Coluche à Jean Yanne*, le Cherche Midi, 2008.

Coll., *Les Pensées des boulevardiers*, le Cherche Midi, 1994.

Coll., *Petite histoire des mots d'esprit célèbres*, Omnibus, 2014.

François David, *So British : l'humour à l'anglaise*, Albin Michel, 2010.

Pierre Drachline, *Le Grand Livre de la méchanceté*, le Cherche Midi, 2001 .

Guy Dupré, *Histoire de rire et de pleurer*, Fayard, 1969.

Delphine Dupuis, *Petit livre des mots d'esprit, ou la fine fleur de la répartie à la française*,Éditions Les Vieux Tiroirs, 2013.

Delphine Dupuis, *Petit livre des mots d'esprit, ou l'art de la rétorque du tac au tac*, Éditions Les Vieux Tiroirs, 2014.
Dominique Enright (dir.), *Les Sautes d'humour de Winston Churchill*, Payot, 2014.
Charles de Gaulle, *Traits d'esprit*, le Cherche Midi, 2000.
Mina Guillois et André Guillois, *De l'esprit comme 1000*, Hachette, 1972.
Mina Guillois et André Guillois, *Dictionnaire d'anecdotes et de mots d'esprit*, Plon, 2000.
Sacha Guitry, *Pensées, maximes et anecdotes*, le Cherche Midi, 2013.
Armand Isnard, *Le Dictionnaire des anecdotes historiques*, Zélie, 1993.
Daniel Lacotte, *Les Petites Histoires de la grande Histoire*, Albin Michel, 2009.
Jean-Paul Lacroix, *Le Palais indiscret*, Julliard, 1965.
Jean-Paul Lacroix, *La Presse indiscrète*, Julliard, 1967.
Jean-Paul Lacroix, *Comédiens en liberté, trois siècles d'histoires drôles au théâtre*, Julliard, 1976.
Jean-Paul Lacroix, *H comme humour : 1500 mots d'esprit pour chaque occasion de la vie, de Courteline à Woody Allen*, J. Grancher, 1983.
Hervé Lauwick, *D'Alphonse Allais à Sacha Guitry*, Presses Pocket, 1966.
Hervé Lauwick, *Parlez-moi d'humour*, Plon, 1967.
Michel Leeb, *Le Meilleur de l'humour français, du* XVIe *siècle à nos jours*, le Cherche Midi, 1992.
Jean Lefèvre, *Dictionnaire de l'esprit*, Sodi éditions, 1967.
Marc Lefrançois, *Histoires insolites des écrivains et de la littérature*, City, 2013.
Maurice Maloux, *L'Esprit à travers l'histoire*, Albin Michel, 1977.

Nicole Masson, Maguy Ly et Yann Caudal, *L'Esprit XVIII*[e], *bons mots et phrases assassines*, Chêne, 2009.

Macha Méril et Christian Moncelet, *L'Esprit au féminin*, le Cherche Midi, 2012.

François Mitterrand, *Pensées, répliques et anecdotes*, le Cherche Midi, 2005.

Christian Moncelet, *Les Répliques les plus drôles : l'esprit d'à-propos*, le Cherche Midi, 1986.

Christian Moussard, *Le Mot d'esprit et réciproquement*, Aux Éditions de Moi-même, 1996.

Jean Nohain, *Histoire du rire à travers le monde*, Hachette, 1965.

Marc Pasteger et Laurent Mariotte, *Et toque ! Petite anthologie savoureuse de l'esprit à table*, Albin Michel, 2011.

Marc Pasteger, *Je t'aime… Toi non plus ! Petite anthologie irrésistible de l'amour vache*, Albin Michel, 2012.

Jean Piat et Patrick Wajsman, *Vous n'aurez pas le dernier mot !*, Albin Michel, 2006.

Carbon de Seze et Laurence Caracalla, *De la répartie à la réplique ou l'art de faire mouche*, Le Figaro éditions, 2019.

Roland Sicard, *Leurs quatre vérités : bons mots, saillies et autres amabilités de nos politiques*, Albin Michel, 2014.

François Xavier Testu, *Le Bouquin des méchancetés : et autres traits d'esprit*, Robert Laffont, 2014.

RÉALISATION : SOFT OFFICE
IMPRESSION : CPI FRANCE
DÉPÔT LÉGAL : OCTOBRE 2021. N° 145482 (3044360)
IMPRIMÉ EN FRANCE